本书编委会

主　　编◎张媛馨（宜宾学院）

尹国亮（宜宾学院）

李仕超（宜宾学院）

副　主　编◎白玉琪（宜宾学院）

兰运丽（宜宾学院）

刘西川（宜宾学院）

参编人员◎张媛馨（宜宾学院）

尹国亮（宜宾学院）

李仕超（宜宾学院）

白玉琪（宜宾学院）

兰运丽（宜宾学院）

刘西川（宜宾学院）

张　丹（宜宾学院）

杨申平（宜宾信雅股份有限公司）

李丹琳（广州新华学院）

徐韵晨（宜宾五粮浓香系列酒有限公司）

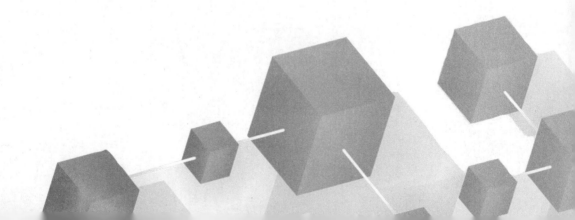

宜宾学院2022年度校级规划教材建设项目（JC202213）

高校第二课堂理论与实践：

以材料与化工类专业为例

四川大学出版社
SICHUAN UNIVERSITY PRESS

图书在版编目（CIP）数据

高校第二课堂理论与实践：以材料与化工类专业为例 / 张媛馨，尹国亮，李仕超主编 . — 成都：四川大学出版社，2022.12
ISBN 978-7-5690-5859-8

Ⅰ．①高… Ⅱ．①张… ②尹… ③李… Ⅲ．①高等学校—第二课堂—教育研究 Ⅳ．① G640

中国版本图书馆 CIP 数据核字（2022）第 243369 号

书　　名：高校第二课堂理论与实践：以材料与化工类专业为例
　　　　　Gaoxiao Di-er Ketang Lilun yu Shijian: Yi Cailiao yu Huagonglei Zhuanye Weili
主　　编：张媛馨　尹国亮　李仕超

选题策划：蒋　玏　周维彬
责任编辑：周维彬
责任校对：王　静
装帧设计：墨创文化
责任印制：王　炜

出版发行：四川大学出版社有限责任公司
　　　　　地址：成都市一环路南一段 24 号（610065）
　　　　　电话：（028）85408311（发行部）、85400276（总编室）
　　　　　电子邮箱：scupress@vip.163.com
　　　　　网址：https://press.scu.edu.cn
印前制作：成都完美科技有限责任公司
印刷装订：成都市新都华兴印务有限公司

成品尺寸：185mm×260mm
印　　张：9.25
字　　数：222 千字

版　　次：2022 年 12 月 第 1 版
印　　次：2022 年 12 月 第 1 次印刷
定　　价：48.00 元

扫码查看数字版

四川大学出版社
微信公众号

序

习近平总书记在全国高校思想政治工作会议上明确指出，要重视和加强第二课堂建设，重视实践育人，坚持教育同生产劳动和社会实践相结合，广泛开展各类社会实践，让学生在亲身参与中认识国情、了解社会，受教育、长才干。这充分体现了党中央和习近平总书记对青年一代的高度重视、亲切关怀和殷切期望，同时也为中国特色社会主义教育事业指明了前进方向，为新时代教育改革发展提供了根本遵循。

作为人才培养的重要阵地，高校应该把提高自主创新能力作为重要任务，切实提高人才培养质量。同时，将应用型创新人才培养纳入教育教学实践中，重新研究教育教学实施方案，采取针对性的措施，合理调整专业与课程设置，为行业企业提供能力匹配的应用型创新人才。这对推动我国高等教育事业的快速发展，具有重要的现实意义。

实践证明，高校第一课堂和第二课堂作为人才培养的两个主阵地，在学生理论知识学习、实践能力提升、综合素质培养等方面发挥着重要作用。两个课堂相互融合，构成了学校教育教学的有机整体。第二课堂作为人才培养的重要途径，与第一课堂相比有明显不同的特征。这主要体现在：一是内容丰富，第二课堂内容涵盖科技创新、体育健身、实践拓展、文艺活动等，在内涵和外延上显得更加丰富；二是时空开放，第二课堂在时间和空间上更加灵活，学生可以根据自己的兴趣爱好、特长等进行自主选择；三是主动参与，第一课堂的学习一般根据专业大纲、学时等开展，而在第二课堂中学生则可以根据自身的兴趣、特长等进行自主选择，为个性发展、成长成才创造更多的机会。第一课堂着眼于学生专业能力的培养，而第二课堂着眼于学生综合素质的提高，两者相互协同、优势互补，共同助力学生全面发展。

本书从应用型本科教育的新内涵、新特征出发，以材料与化工专业为例，从第二课堂在应用型本科院校及人才培养中的意义、第二课堂的介绍和整体框架、第二课堂的基础类模块、发展类模块和提高类模块等几个方面对高校第二课堂进行了阐述，旨在为高校的化学、化工、材料、制药等专业的第二课堂建设提供一定参考，能够让第二课堂成绩单成为学校人才培养评估、学生综合素质评价、企业单位选人用人的重要依据。

本书由专职辅导员和专任教师共同编写，从不同的角度出发，在实践经验的基础上，进一步凝练工作特色，引导学生深刻认识第二课堂的重要性，积极投身第二课堂各项活动，真正在第二课堂中收获成长。希望学生通过本书能够充分了解第二课堂的重要内涵，明确在第二课堂中的努力方向，不断开阔眼界、锻炼能力、丰富经历，提升自身综合素质。同时希望本书能对同仁有所启迪和帮助，不断提高高校第二课堂教育的系统化和科学化。由于编者能力有限且编写时间较仓促，书中难免会存在疏漏与偏差，恳请读者多提宝贵意见，以便及时修正。

作　者

2022 年 8 月

前　言

2022年6月，习近平总书记在应用型本科院校宜宾学院考察时，向正在参加企业招聘宣讲会的教师、学生、企业负责人了解企业招聘需求和毕业生签约率等情况。习近平总书记强调，党中央高度重视高校毕业生就业，采取了一系列政策措施。当前正是高校毕业生就业的关键阶段，要进一步挖掘岗位资源，做实做细就业指导服务，学校、企业和有关部门要抓好学生就业签约落实工作，尤其要把脱贫家庭、低保家庭、零就业家庭以及有残疾的、较长时间未就业的高校毕业生作为重点帮扶对象。习近平总书记对同学们说，幸福生活是靠劳动创造的，大家要保持平实之心，客观看待个人条件和社会需求，从实际出发选择职业和工作岗位，热爱劳动，脚踏实地，在实践中一步步成长起来。习近平总书记勉励同学们自觉践行社会主义核心价值观，努力做到德智体美劳全面发展。他提及的劳动教育和就业指导服务等与大学生的第二课堂教育密切相关。

《关于全面提高高等教育质量的若干意见》《普通高等学校本科教学工作审核评估方案》《中共中央关于加强和改进党的群团工作意见》（中发〔2015〕4号）、《普通高等学校本科教学工作审核评估方案》《高校共青团改革实施方案》以及《关于在高校实施共青团"第二课堂成绩单"制度的意见》（以下简称《意见》）等政策文件的出台，这不仅表明国家对为高等教育的发展极为重视，而且为高等教育改革提供了方向。其中，《意见》明确了实施共青团"第二课堂成绩单"制度的指导思想，确立了"坚持融入人才培养大局、坚持服务学生发展需求、坚持发挥第二课堂优势、坚持突出基层主体地位"的基本原则，并指出，要在2018年秋季学期，面向全国高校推广实施第二课堂成绩单制度。

本书的编写目的是围绕高校第二课堂育人的中心任务，以材料与化工专业为例，撰写高校第二课堂的理论与实践。本书结合材料与化工专业实例展开，可供材料与化工专业从事第二课堂和第二课堂成绩单制度教学与管理工作的教师参考。本书主要涵盖了第二课堂在应用型本科教育和人才培养中的意义、第二课堂的介绍和整体框架、第二课堂的基础类模块、第二课堂的发展类模块和第二课堂的提高类模块。其中，基础类模块包括思想政治与道德修养类、心理素质与身体素质类、社会实践与志愿服务类，发展类模块包括文化沟通与交往能力类、社会工作与领导能力类，提高类模块包括学术科技与创新创业类、艺术体验与审美道德修养类。这三个模块侧重培养学生基础能力、发展能力、创新创业能力、个性特长等社会竞争能力等，并从指导目的、工作内容、项目供给、实例分析等方面进行系统设计和整合拓展。以材料与化工专业的第二课堂的理论与实践为例，构建记录评价体系，突出客观性、写实性、价值性、简便性，灵活采用记录式、学分式、综合式等评价方法，对学生参加第二课堂情况进行描述性评价并形成科学的评价记录。这不仅为学生参与第二课堂活动的内容、形式、经历、成果等方面保留客观记录，还为学生学分认证提供依据。

本书的主要特色和创新之处在于协同推进第一课堂和第二课堂的互融、互动、互补、互促，构建"价值塑造、人格养成、能力培养、知识探究"的创新人才培养体系，进一步强化第二课堂在应用型本科教育和人才培养中的重要作用，促进大学生全面发展，以材料与化工专业为载体，将大学生教育中的第二课堂实践与探索进行体系化构建并以模块形式进行案例分析，同时也为高校的化学、化工、材料、制药等专业的第二课堂建设提供一定借鉴。

目　录

第1章 应用型本科教育概论

1.1 国内外应用型本科教育的研究

应用型本科教育是我国高等教育的一部分。应用型本科教育对于应用型人才的培养起着至关重要的作用。从国内外高等教育出发，先探究国内外应用型本科教育的起源、特点、教学方式和人才培养模式，再通过比较深入了解国内外应用型本科教育的相同点和不同之处，为我国未来探究应用型本科教育提供经验和借鉴，开辟一条适合中国国情的高等教育发展之路，培养更多符合市场经济发展的应用型人才。

美国应用型本科教育萌芽于第一次世界大战后，当时的机、电、化学、光、磁等技术纷纷介入各个生产领域，针对以上技术人才的需求急速增加，高等教育从此产生了不同专业的教育塑造不同方向的应用型技术人才的现象。随着时间的推移，到了20世纪80年代，国际上出现了应用型本科教育和院校。美国高等教育学府一般由综合型大学和理工学院、职业学院或技术学院、初级学院或社区学院等组建。美国高等教育十分重视应用型本科教育，其特色主要体现在以下两个方面：一是应用型本科教育需要进行跨学科学习以培养综合性应用人才；二是应用型本科教育的发展需要考虑国家经济发展，同市场需求相结合。以工程教育为例，工程教育是典型的应用型本科教育，注重市场经济、产业、行业同教育和专业的结合。工程教育的课程具备跨学科的专业化和市场中所需求的职业化，教学不断进行革新和调整，与顺应时代发展的科学技术和应用技术相融合。学生在实践课程中要掌握政治、经济和市场需求，加强与工业的联系，将所学知识和技术能力灵活运用于现代工程项目和领域之中。在实践课程中，通过与相关工程工作人员的交流，学生深刻领悟到工程项目设计、探索和施工等部分的关键或要领；在实践工作中，学会承担责任，清楚自己所设计的工程项目要对国家和人民负责。工程教育强调学生的工程实践素质教育、环境素质教育和道德教育，注重学生的工程实践实操能力。美国的应用型本科教育提倡终身学习，在科研资源与成果共享等方面不断进行深化改进，以更好地适应国际市场和新形势的变化，从而产生具有实效性的本科教育。

德国的高等教育学府主要由综合型大学、应用技术大学和职业学院等构成，培养的分别是学术研究性人才、高等专业技术人才和校企人才。德国的应用技术大学与我国应用型本科教育院校类似，它起源于20世纪60年代末，为德国培养了许多高素质应用型技术人才，增强了德国的综合国力。应用技术大学的教育目标非常鲜明，学校会根据企业的技术需求开设和教授对应的课程，学生学习相应的课程。德国的应用技术大学旨在把学生培养成能够用科学方法解决实际问题且能进行理论、技术和工艺研发与创新的应用型技术人才。教育过程中，注重学生的团队合作与沟通能力、实操能力、分析问题与解决问题能力和责任感等培育。此外，该应用技术教育注重校企合作，企业和学校共同制定专业建设、学业计划和毕业评定等。企业为实习和实践教学提供对应的职位，学生到企业实习实训至少达到一年，比如，入学前就需要到企业实习，在不同的学期中也需要到符合专业资质的企业进行实习锻炼，这为实习和实践教学提供了真实可靠的保障。政府不仅会与行业主导者共同制定和出台相关行业的法律条例，也会对高等教育的执教者设置严格的准入门槛，加强教育管理，将执教者同企业之间的联系作为考核指标，不断提高执教者的教学水平，以上举措为德国的应用技术教育注入灵魂。

英国的应用型本科人才培养采用的则是工读交替制的学位课程教育和职业资格证书保障体系。工读交替制的学位课程教育培养出来的人才会获得相应的学位证书，职业资格培养的人才则取得对应的职业资格证书。各种证书可以进行相同等级之间的互换，比如，初级或中级管理人员资格证书等同于学士学位或硕士学位证书。完成工读交替制的教育需要花费四年的时间，第一、二、四年是在学校完成相关教育课程，第三年则要在企业进行工作实践，进行学校—企业—学校的工读交替模式的学习与实践，加强教育、企业和产业之间的关联性和互动性。这是英国的应用型本科培养方式。

中国的高等教育是由研究型本科院校、应用型本科院校和技能型职业院校构成，它们的培养目标分别是学术研究、专业应用和职业技术能力的人才，故中国的应用型本科教育不同于学术型教育和职业技能教育。应用型本科教育的雏形起源于第二次世界大战后美国的能力本位教育，之后，能力本位教育被逐渐推广到了许多亚欧国家和地区，并给国际高等教育掀起变革新风潮，这股风潮随着改革开放进入我国高等教育界。从1949年开始到改革开放前，中国的应用型本科教育一直处于探索阶段。改革开放后，我国的经济快速发展，市场对应用型人才需求增加，而之前的高等教育没有建立起创新型复合应用人才培养标准与机制，高等教育培养出的人才不能满足不同层次的市场需求，因此急需培养一批创新型应用技术人才。中国的应用型本科教育由此开始，出现了深圳大学、五邑大学等以地方城市为中心的而发展起来的新型院校。这些院校是以服务地方产业和社会经济为目标而培养应用型人才的院校，是我国首批应用型本科教育的院校代表。

1999年国务院批转并颁布由教育部制定的《面向21世纪教育振兴行动计划》，但我国应用型本科教育的基本概念的提出最早是出现在2001年长春教学研讨活动中。应用型本科教育是我国主要高等教育主要类型之一，以本科教学为依托，立足区域经济，面向产业发展，培养应用新人才。从这一时期开始，我国应用型本科教育办学进入快速发展模式，主要产生了四种不同类型的应用型本科教育院校：以地方城市为中心的应用型公办本科院校、依靠公办大学创建的独立应用型院校、民办专科升级成立的应用型本科高校和公办专科升级成立的应用型本科高校。这一系列高等院校的产生与发展推动着中国应用型本科教育不断前进。

2014年，我国对高等教育领域进行深化改革，要求600多所高校在本科教育的培养定位逐渐转向应用型本科教育，这是我国大力发展"应用型本科教育"重要节点。科学技术是第一生产力，能够推动科技领域创新、带动产业发展、助推社会进步。随着国内外的科学技术、生产力、社会经济在不断高速和高质量地发展，加上互联网时代的到来，促进生产结构升级并加快产业更新换代，市场对人才、技术和专业层次的实际需求也发生了日新月异的变化，而高等教育愈发的普及化和大众化，这一切都推动着应用型人才的培养向中高级阶段发展，应用型本科教育逐步成为培养高级应用型人才的主阵地。

通过对国内外应用型本科教育的比较，可以发现美国、德国、英国和中国在应用型本科教育的起源和发展中，既存在相似点也存在不同点。主要体现在以下方面：第一，起源时间比较一致，都始于 20 世纪中后期，大多是围绕工业、市场经济和生产技术的变革而产生的。第二，都注重基础知识的学习，但是对职业资格证书和学位证书间的替换、学生实践时间的长短、企业和行业的参与度等，每个国家的教育模式各有特点。美国的应用型本科教育注重跨学科基础性教育和实践实操能力，培养具有文化和道德素养的应用型人才；德国的应用技术大学重视企业需求和学生在企业的实习经历，要求企业同学校一起参与到专业建设和人才培养中，培养能够用科学方法解决实际问题的未来应用型技术人才；英国的应用型本科教育注重工作和教育的交替式学习，把理论运用于实践，在实践中领悟理论的不足，从而再次投入理论学习，理论学习到实践再回到理论学习的交替式学习，把学位证书同职业资格证书放在同等位置；中国的应用型本科教育注重培养以服务地方产业和社会经济为目标的应用型人才。第三，经济发展模式不同，企业资本运作方式、人才培养模式、毕业要求与鉴定方法上也具有差异性。国内外应用型本科教育的相似点和差异性可对我国未来应用型本科教育的建设和内涵式发展提供一定参考和借鉴，促进应用型本科教育能够更好地培养出高质量的应用型技术人才。

1.2　应用型本科教育的新内涵

在经济的不同发展阶段，市场和行业的要求也会发生变化。因此，以服务地方产业和社会经济为目标而培养应用型人才的应用型本科教育也在不断更新自身的内涵。下面将从不同的发展时期简述应用型本科教育的变化和新内涵。

联合国教育、科学及文化组织（简称"联合国教科文组织"）1997 年版的《国际教育标准分类》将高等教育分为两个阶段：第一阶段为等级 5、第二阶段为等级 6。其中本科（学士）教育则划分为 5A 类型（学科性教育、专业应用型教育）和 5B 类型（职业型教育）。潘懋元教授在《新编高等教育学》中谈道，应用型本科教育应当从溯源方向和本质上不断探析应用型本科教育的教育目标、课程体系、教学考核、教育评价和培养路径等，这样才能不断丰富和完善应用型本科教育的内涵。潘懋元教授在《应用型人才培养的理论与实践》中指出，应用型本科教育是处于学科性教育和职业型教育之间的专业型教育，拥有行业性、专业性、应用性、教学性和实践性的特质，是以本科教育为基础的应用型专业教育，具备学科和行业相结合的特点，从而培养出面向市场经济的应用型专业人才。

2011 年 11 月，联合国科教文组织对 1997 年版本的《国际教育分类法》进行了修订，于 2013 年出版了《国际教育分类法（2011）》。高等教育建立在完成初等教育的基础上，一般包括学术教育、专业教育和高级职业教育，是专业化的教育学科学习，是属于复杂化和专业化的学习活动。它将高等教育划分为等级 5 至等级 8，等级 5 对应的是短期高等教育（不低于 2 年课程学习），等级 6 对应的是本科（学士）教育或同等水平教育（3～4 年课程学习），等级 7 对应的是硕士教育或同等水平教育（大于 4 年课程学习），等级 8 对应的是博士教育或同等水平教育（不低于 5 年课程学习）。高等教育从等级 5 到等级 8 的划分可以表明，对应用型人才类型的划分也应该是从初级阶段逐步到中级阶段和高级阶段。《国际教育分类法（2011）》将等级 6 本科（学士）教育分为三大类：学术型教育（普通型教育）、专业型教育（职业型教育）和定向未定型教育。其中，学术型教育通常是指在学校或者学院接受的课程教育，如普通公共本科知识、读写能力或者计算机办公能力等，无法获得相关专业职业技能证书，仅为专业型教育做好铺垫准备。专业型教育是针对特定的行业或者职业而构建的课程教育，课程会涉及研习、见习、实习或者行业工作的部分，并能获得相关职业技能证书。

时任教育部副部长鲁昕在 2011 年全国教育工作会议上提出要完善和创新办学机制，并加强教育同产业之间的对话机制，教育需要在人才培养、专业课程体系、教材创新、学生实习实训、教学模式改革等方面突出行业指导。2014 年 3 月，教育部在教育改革方向中首次指出：全国普通本科高等院校 1200 所学校中，有一半的大学本科院校将逐渐转向发展成为应用技术型大学。2020 年，中共中央、国务院印发文件《深化新时代教育评价改革总体方案》，明确提出未来要探索建立应用型本科评价标准，着重突出培养专业技术能力和实践应用能力。

结合我国 2011 年的教育改革转型要求以及对应用型本科教育中的专业性和实践性培养的需要，加上 2013 年联合国科教文组织修订的《国际教育分类法 2011》中的定义易知应用型本科教育与《国际教育分类法 2011》中的等级 6 有关联性，与本科教育中的学术型教育（普通型教育）和专业型教育（职业型教育）存在共性。由于应用型本科教育是介于学术型教育（普通型教育）和专业型教育（职业型教育）之间的高等教育，因此需要将学术型教育（普通型教育）和专业型教育（职业型教育）进行适当的叠加，将新型的学术型教育同新层次的专业型教育相结合的高等教育探索新模式，着重培养应用型本科人才的专业技术能力和实践应用能力。这是自 2011 年起我国应用型本科教育的内涵的重点突出部分。

2020 年 10 月，《中共中央关于制定国民经济和社会发展第十四个五年规划和 2035 年远景目标的建议》中明确提出"坚持创新在我国现代化建设全局中的核心地位"和"建设高质量教育体系"。这要求应用型本科教育应面向高质量内涵式发展，全面贯彻党的教育方针，重视德智体美劳全面发展，搭建企业、高校、科研机构等多方协同育人模式，开拓教育、学业、专业和产业相互融合的共享和绿色的创新教育路径，不断促进和深化教育公平与革新，大力培养立足世界，服务国家、社会和人民，适应行业和企业发展的紧缺性和技术性特色创新型应用人才。此外，应用型本科教育还应同地方区域社会经济发展、地方特色产业和地方市场需求相结合，顺应数字化时代，推动绿色经济发展和绿色教学双线创新互助式发展，探索应用型本科教育教多样化、特色化和内涵化发展。为更好地建设高质量高水平高管理的教育体系，应用型本科教育未来要转向创新型高质量内涵式发展模式培养创新型应用人才，这是《中共中央关于制定国民经济和社会

发展第十四个五年规划和 2035 年远景目标的建议》对我国未来应用型本科教育内涵新
发展的目标期盼和方向指引。未来的应用型本科教育除了具备行业性、专业性、应用
性、教学性和实践性等特性，还应拥有绿色化、一流化、时代化、数字化、特色化、智
能化、文化性、本土性、创新性、产业性、教育性和多维度化等特征，这些特性和特征
将不断地促进应用型本科教育的内涵式发展。

1.3　应用型本科教育的新特征

1.3.1　课程思政

1.3.1.1　建设课程思政的重要性

　　落实立德树人是我国教育的特色，也是教育的核心之处。学生是学习的主体，同时
也是社会主义的建设者和接班人，他们作为国家的未来，担负着民族复兴历史重任。以
往的应用型教育的体系和内容涉及人文素养的知识不多，导致学生在思想政治、德育素
质和职业素养等方面比较欠缺内在动力。因此，高校除了要求学生学习好学科专业知识
和专业技能，还要培养好学生的思想道德素质，让其拥有坚定的思想觉悟和理想信念，
不断提升学生的综合素质能力。搞好课程思政建设是提升应用型本科教育质量的一个重
要核心点，围绕国家和地区的社会经济发展趋势和需求，要将思想政治教育融入育人育
才的过程中，将思想政治教育与专业教育相统一，打造课程思政教育教学体系，形成
"三全育人"的应用型本科教育格局，从而培养出"三观"正、有知识、有能力的应用
型人才，以满足国家、社会和市场对人才的要求。

1.3.1.2　建设课程思政的战略举措

　　应用型本科教育应该从教育部（厅）、学校、院系、教师和学生等方面来保障课程
思政建设。

　　在教育部（厅）层面，教育部（厅）应当加强统筹，指导高校开展课程思政建设，
可以将各个高校对课程思政的建设作为本科教学评估、专业认证或者一流课程建设的重
要考量环节之一；也可以先树立典型，择取"双一流"高校或者"双一流"专业中较好
的课程思政示范课程，将其放在中国慕课平台的精品课程中供高校教师进行参考借鉴或
学生学习；抑或举办全国范围的课程思政教学大赛，选出具有代表性课程思政名师、团
队或教学课程，加强对应用型本科教育中建设课程思政的保障。

　　在学校层面，首先，学校应当高度重视并深入贯彻落实教育部印发的《高等学校课
程思政建设指导纲要》，制定并出台相关的学校文件和政策来支持课程思政建设，并成
立课程思政建设指导小组。其次，学校应当科学地建立课程思政教学体系，涉及人才培
养方案、公共基础课程、专业教育课程和实践类课程等内容，课程思政教学体系不能是
标签化的，也不能是千篇一律的，更不能是两张皮的，而是与人才培养方案紧密相连
的。再次，学校应当依据教学实际情况设置合理的教学评价体系，学校的教学督导应当
做好教师在课堂教学中涉及课程思政的监督和评估工作。最后，学校也可以在教师评优

评奖、教师培训和绩效考核或奖励中突出课程思政的重要性。同时，成立"课程思政"示范教学团队：以教研室为单位，以专业为依托，研究制定本团队课程思政教学改革方案，科学设计专业课程思政教育内容与教学形式，修订完善课程思政教学大纲，加强课程思政教学实践，经常性开展课程思政建设教学研究和交流，加强课程思政建设。打造"课程思政"示范课程：结合所在学科专业、所属课程类型的育人要求和特点，深入挖掘蕴含的思政教育资源，优化课程思政内容供给，科学设计课程目标和教案课件，将思想政治教育有机融入课程教学，形成可供同类专业课程借鉴与共享的经验、成果和模式。建设"课程思政"示范专业：结合学科专业特点，充分挖掘各门课程蕴含的思想政治教育元素，将思想政治教育覆盖到专业课程，融入师资队伍、教学资源、教学研究等要素，贯彻落实教材选用、课堂教学、考核评价等环节，实现思想政治教育与知识体系教育有机统一，注重体现学校办学定位和专业特色。

在院系层面，第一，成立院系课程思政建设教学督导小组。根据国家文件和学校政策，制订院系的相关课程思政建设文件，注重课程思政的整体性和系统性，将课程思政的总体目标融入人才培养方案、毕业要求。每门课程中涉及的课程思政目标和具体的毕业要求都对课程教师提出了相应的教学标准和要求。第二，加强对教师的思想和价值观引领。按照习近平总书记倡导的"四有"好教师标准，坚定执教者的理想信念，巩固和拔高自身学识和教学业务能力，强化政治水平和道德情操。在教学中，做到对学生有仁有爱。第三，开展院系层面的教师培训会、座谈会或沙龙交流会。让经验丰富的教师进行分享，抑或邀请思政教师同专业课教师共同探讨或探索思政课程建设。第四，重视同企业之间的合作交流。与企业合作，依托行业，将涉及的行业标准或者职业素养及要求融入课程思政建设。第五，把握好第一课堂和第二课堂，探索课程思政建设的新路径和新方法。第六，打造课程思政专业教师团队。课程思政的主要载体是专业课程，要将课程思政融入课程目标中，深入挖掘和梳理具备专业特色的思政元素，将课程思政元素巧妙地设计到专业教学课程中，不断进行优化升级，形成教学育人典型范例，打造课程思政案例教学库，实现专业教学案例共享，体现应用型本科教育课程思政育人效果。

在教师层面，首先，教师应当了解课程思政的重要性和必要性，明确课程思政建设目标是提升优化人才培养方案，将习近平新时代中国特色社会主义思想进教材、进课堂、进头脑，在教材选用、课程教学大纲、教学课件、教学教案等方面进行课程思政创新。其次，在课堂中增强关于中华优秀传统文化、党的创新理论、法律法规、爱国情怀、职业道德精神与素养等方面的教育环节设计，在课程思政融入专业课程教育的过程中，尝试以不同的教学方式和个性化教学设计，激发学生内在动力和学习兴趣点，发挥其主观能动性地进行学习和思考，润物细无声地将学生向正确的方向培养。再次，教师还可以到企业或者行业中进行锻炼，实现"双师双能"，把在企业中的所感所悟或者行业标准反馈到课程思政的教学课堂设计中，尽可能地提升教学效果。最后，教师应当优化评价和考核方法，可以采用过程性评价和结果性评价相结合的方式，科学地评估学生的学习成效，促进应用型人才的学习与成长。

在学生层面，第一，学生需要对教师的教学方法进行多维度和多角度的评价，促使教师进行教学反思从而改善教学设计和教学质量，进而不断优化和完善课程思政建设水平，以达到提高应用型本科教育质量。第二，课程学习上发挥朋辈榜样力量，学生干部和学生党员要发挥先锋模范作用，激励和带动其他学生在课程和专业学习上共同进步和成长，促进课程思政建设。第三，学生应当通过教师布置的学业作业和提供的学习资源渠道，进行课后自我学习与思政课程建设。通过课后资源学习的方式，了解国内外政治经济和民生事件，把自己远大的抱负和"中国梦"相结合，坚定理想信念，肩负实现中华民族复兴和国家富强的重担。学生通过课后独立学习和安排，进一步做好自我课程复习和学习规划，不断补充和完善自身的专业知识体系和技术能力，加强专业实践锻炼，提高自身的创新精神、团队协作精神、独立思考能力、自我行动力、解决问题的实际操作能力和专业素养等，成为国家、市场和行业需求的高质量的创新型应用人才。

通过以上方式，加强对应用型本科教育中课程思政的保障和顶层设计，充分发挥教育部（厅）、学校、院系层面和教师队伍、课堂教学、课程建设等方面的作用，让学习者参与其中，围绕人才高质量培养，形成多方位、多层次协同效应，形成课程思政良好发展的局面。

1.3.2　数字化教学

20 世纪 70 年代，计算机的出现标志着数字化和信息化时代的到来。这对市场经济、科学技术、生产和消费等方方面面都产生了巨大的影响，知识的传播方式发生了变化，使得高等教育也发生了翻天覆地的变化，应用型本科教育同信息化技术不断融合与革新，使得数字化教学逐渐成为应用型本科教育的新型教学改革方式。学生学习方式、教学评价方式、课程结构与教学形式也都在不断革新中。应用型本科教育在数字化教学中发生了诸多变化，多媒体信息技术、翻转课堂、在线学习课程、网络直播教学平台等，改变了课程教学模式、执教者的教育观念和方法、学习者的学习思维和模式、教学的渠道和工具等，下面将从教育发展的重要时间节点来举例说明数字化教学在应用新本科教育中产生的巨大影响。

1.3.2.1　多媒体信息技术教学

从 20 世纪 70 年代末开始，随着计算机和网络的逐渐普及，多媒体信息技术开始应用于专业学科教学辅助中，逐步发展成计算机辅助教学。随着计算机的不断升级更新换代，学科教学工具也同计算机进一步深入融合，多媒体课件、投影、多媒体教室等成为教学辅助工具。之后网络技术飞速发展，网络教学资源不断被更新和上传，网络教学资源具有的共享功能和下载功能，使得教学内容和教学资源更加丰富。随着信息化教育应用范畴越来越广泛和信息化教学质量的提高，越来越多的教师开始使用计算机辅助教学，这类型教学模式不同于以往的传统教学模式，这是数字化教学的起点。

1.3.2.2　在线公开课程

在线公开课程是应用型本科教育中数字化教学的一大新突破点。慕课是 MOOC（Massive Open Online Course，MOOC）的音译，这一概念起始于 2008 年的加拿大教育界。2012 年，美国首先研发出了慕课平台，全球教育界在这一年掀起了教育教学课程革新风潮。2013 年，清华大学和北京大学也陆续加入了 edX 平台，并将录制的在线公开课程发布于慕课平台。2014年后，中国互联网技术公司网易同高等教育出版社有限公司合作推出在线教育平台——中国大学慕课平台，平台上承载着国家精品开放课程和中国高校的优质课程。慕课打破了大学"围墙"，让更多的学习者不再受时间与空间的限制，但这类型课程是对数字化教学的一种新型补充，并不能完全将传统教学取而代之。在有网络的情况下，公众通过智能手机和电脑不限时间、不限地区就可以大规模地学习开放在线课程。慕课分为X型和C型。X型慕课是类似于课堂讲授的在线课程，教师是主导者，将教学划分成了微课堂形式，播放视频中间会出现问答和学习任务环节，完成任务后才能继续观看在线学习视频；C型慕课是学习者构建学习网络进行主导学习，教师则只起辅助作用。显然C型慕课对学习者有较高的要求，学习难度较大。因此，X型慕课的在线课程更受市场欢迎和学习者的青睐，通常所见的在线学习课程是属于X型慕课，是应用型本科教育的数字化教学的新渠道。

在慕课之后，数字化教学SPOC（Small Private Online Course，SPOC）也应运而生。这是一种小规模限制性在线课程，运作模式和学习平台类似于慕课课程，这种课程采用慕课课程的技术和优点，使用个性化教学方式，学生学习人数规模较小，教学比较有针对性和专业性，能够有效地提高教学质量。比如，教师可以在SPOC的教学平台上布置作业，学生之间可以就学习中遇到的重难点或者兴趣点展开讨论，教师也可以与学生就这些问题进行充分的交流和探讨，提高学生专业学习的深度。通过SPOC学习模式可以提高教师的指导度，让学生的学习体验感更加深入，学习的知识更加扎实，适用操作性课程和应用性课程，对应用型本科教育来说也是一种新的教学模式。

在线公开课程不仅打破了传统学习的模式，还使以执教者为中心的聚焦点的教学转变成了以学习者为中心的学习阵地。教师能够跨区域和国界实现团队合作教学，学生能够选择自己感兴趣的内容随时随地进行学习，并成为学习的主导者和建设者，提高了学生在学习中的参与度和创造性，建造了网络个性化学习方式，改变了教学管理和评价方式，进而提升了应用型本科教育的水平。

1.3.2.3 翻转课堂教学

2011—2012年，翻转课堂的教学视频开始风靡全球，成为各个高校的教学课堂改革的热点之一，也成为应用型本科教育教学改革的新方式。翻转课堂常用的教学模式是在课前就对教师教授的课程进行录制或者是提前发放线上、线下的课程学习资料，并让学生在课前进行自我学习；在课堂中，教师对学生在学习过程中遇到的知识难点和疑点进行对话和讨论，进行合作探究与思考，共同解决问题完成学业。翻转课堂不同于传统教学课堂，翻转课堂将由教师讲解和教授为中心的传统课堂教学模式转变成了以学生对知识自主学习为重点的线上线下混合课堂。其让学生在课堂中发挥积极性和主观能动性，锻炼学生的逻辑思维能力、语言表达能力和消化吸收知识的能力。教学形式也是千变万化，可以是案例点评与分析、辩论与讨论、边学边做边评等教学形式。这种教学模式避免了教师在不同教学班级同一门教学课程的重复性劳动，提升了课堂的使用率和学习效率，让学生可以充分利用网络资源进行学习和知识查询，培养学生的自主独立学习和思考能力，但对执教者和学习者有较高的教学和学习素养要求。翻转课堂是将互联网与学校教育紧密联结的典型教学表现形式，不但借助了互联网丰富学习资源的优势，而且充分发挥了课堂教育的功能，使互联网与学校教育的优点相加，实现强强联结，促进教育高层次高质量发展，也是数字化教学在应用型本科教育改革中的新突破点。

1.3.2.4　"互联网＋"教育

2015 年，李克强总理在政府工作报告中首次提出"互联网＋"的概念，他倡导将互联网与我国各个产业或行业有机结合，推动我国经济创新化数字化发展。而"互联网＋"教育更是将教育与互联网深度融合。这也是为了倡导教育更加公平，让居住在偏远贫困山区的学生也能够学习到名师教学课堂所传授的知识。同年，李克强对首届中国"互联网＋"大学生创新创业大赛作出重要批示。中国"互联网＋"大学生创新创业大赛，紧扣国家发展战略，把创新创业教育融入人才培养，促进学生更加全面的发展。"互联网＋"教育的提出是促进中国应用型本科教育与互联网深度融合的重要转折点，互联网与教育的结合是未来教育的发展趋势，这在教育层面上对中国公众教育观念、教育体系和模式、学校教育发展方向等带来了长期巨大的影响。2018 年，教育部发布《教育信息化 2.0 行动计划》，倡议要实现教育信息化和数字化的升级，加快教育网络建设，让网络教学在偏远地区也能够普及，满足公众的教育需要，实现高质量教学资源共享化，促进城乡教学资源公平，减少城乡教育的差距，改变传统教学模式和方法，创新线上线下相结合的教育模式，提高师生信息化和数字化使用水平和素养，探索符合国情发展的"互联网＋"教育，培养互联网时代下的数字化应用型人才。因此，现代应用型本科教育应当稳抓互联网发展机遇，深化教育综合性数字化改革，积极探析网络大环境下的教学新模式，以更好地培养出创新人才，不断驱动教育的数字化变革，促进应用型本科教育更加智能化发展。

1.3.2.5　网络直播课程

2019 年末到 2020 年初，新型冠状病毒肺炎疫情的暴发让我国教育倒逼互联网教学改革，由于新型冠状病毒肺炎疫情，全国多地师生不得不隔离在家中开展网络教学，一时之间多种教学 app 开始大规模使用，如爱课程、今日校园、知到、U 校园、超星学习通等。线上网络直播课程成为新型冠状病毒肺炎疫情防控期间的一种主流教学方式，教师们常用的教学 app 有腾讯会议、钉钉和雨课堂等。以雨课堂为例，学生在有网络的地方，就能使用手机通过微信进入公众号去学习或者使用电脑端进行学习。学生首先要在 app 上注册账号，输入教师给予的课堂验证码或课堂二维码，便可进入教师指定的雨课堂在线直播课堂。教师可以在雨课堂上传输、共享学习资源和推送课堂 PPT、学习任务给学生。教师使用雨课堂进行直播讲解时，学生可以发送弹幕与教师进行交流。为更好地保证学生的出席率和学习效率，教师可以让学生在雨课堂签到、投票、随机点名，并进行线上互动式交流与问答。在教师讲解的过程中，如果遇到希望重点学习的内容或难以理解的知识点，学生可以选择点击收藏或不懂，后台程序会对任课教师进行相应的提示，同时，雨课堂还能够对教师的课堂进行录播设置。如果有学生还想复习课堂中的知识点或再听教师讲解一次课堂，可以选择对录播的课堂进行回放。教师可以根据课程学习的需要和进度，在雨课堂上发布和设置相应的学习任务和任务完成时间截点，学生将会收到推送的作业及要求，教师可以在线上批改学生作业。如果教师要进行平时测试和期末考试，也可以在雨课堂上进行考试，考试完毕后，教师可以进行批阅，雨课堂对于不同部分的成绩和答题部分形成相应的柱状图或报表形式的解析模块。课程学习结束后，雨课堂会对学生的学习反馈和考试成绩形成在线数据，供教师参考以便更好地掌握学生的学习情况。这类型教学直播课堂和教学应用软件，是一种特殊情况下的应急式数字化教育，这种教育模式也充分利用互联网和教学 app 形成了新的线上教育方法，教学 app 中生成的大量的教学数据也有助于引发教育新思考，能够促进应用型本科教育不断革新。

1.3.2.6 "线上＋线下"教学模式

现在的应用型本科教育教学模式大多采用"线下为主，线上为辅"的教学模式，但有极少部分选修课程会采用完全的网络开放课程学习形式，学生自主完成线上课程学习，学习达标后可以获得相应的电子学习证明，该证明可用于获取学分，但是目前此类课程较少。较为常见的"线上＋线下"教学模式分为以下几种类型：第一种类型是将线下课程与线上学习课程相结合，适合线下课程的教学章节采用线下教学模式，适合线上学习的章节则使用在线开放课程进行学习。第二种类型是因受到新型冠状病毒肺炎疫情影响采用线下课程和线上直播课程同步进行的教学模式、全程直播型的教学模式或全程网络开放的课程学习模式。第三种类型是线下课程与信息化辅助工具、大数据和虚拟软件等数字化教学手段相结合的方式进行教学，或者将线上网络教学资源补充于线下课程的教学内容。比如，同济大学建筑与城市规划学院使用虚拟软件设计仿真景观和建筑结构；清华大学使用虚拟现实实验室以动作捕捉技术提高了教学的针对性和实用性；齐齐哈尔大学化学与化学工程学院使用虚拟仿真实验室这种线上资源让学生先进行线上预演实验，而后让学生进入化工原理实验中心进行线下当场操作，让虚拟和真实操作相互结合，提高学生实际操作能力。"线上＋线下"教学模式不断地革新教学方式，让教学结构和层次更加丰富化，实现教育信息数字化和多元化发展。同时，教学评价方式也更加多样化和综合化，通过线上和线下相结合的学习考核方式，利用学习平台数据或考试数据在云计算进行数据分析，更加高效客观地评价学生的学习成效，数字化教学评价也是应用型本科教育的新突破点。

1.3.2.7 未来数字化教学

以上涉及的各种数字化教学新模式或新方法还存在一定弊端，比如，大规模的在线课程缺乏个性化教学、团队协作机会较少、集体学习氛围和教学趣味性不高、面对面的学习疑问解答与交流不足、部分课程教学质量待提升、直播教学时网络卡顿、系统服务器崩溃、学生自我约束能力较弱等都有可能导致数字化教学的效率不太理想，因此，数字化教学还要不断改进和完善。同时，随着智能化、5G、云计算、短视频和教学软件等数字产品的不断更新升级和普及，未来的数字化教学革新还会持续进行，应用型本科教育的教学方式也会出现相应地改变，未来的数字化教学会向以下方面发展：多元化学习模式、多样化学习评价、娱乐性学习方式、学习来源多渠道化、网络学习证书社会认同化、学习碎片化和移动化、网络学习资源优质化和共享化、学习教育个性化服务、学习者教育中心化等。这需要国家、政府、教育部门、高校、育人者和学习者等多方共同努力，协同推动互联网下的应用型本科教育全面综合性改革，创造全新的数字化教育环境。

1.3.3 产教融合

随着社会生产力的不断提高，市场需求和经济发展方式随之发生变化，产业也在进行升级换代和转型式发展，应用型本科教育是服务地方产业和社会经济而兴起的高等教育。由于产业发生变化，应用型本科教育也开始发生变化，产教融合是我国应用型本科教育的主导方向。产教融合在不同时期有着不同的发展：第一个阶段是"中华民国"时期，兴办实业，将教育活动与实业生产相结合，边教边学边做，这是产教融合的萌芽阶段；第二个阶段是中华人民共和国成立初期到改革开放初期，提倡将劳动与教育相结合，要培养有文化知识的技术工人；第三个阶段是 20 世纪 80 年代到 21 世纪初，这个时期鼓励发展服务地方产业和社会经济的产教融合的高等教育；第四个阶段是 2017—2021 年，国务院办公厅印发《关于深化产教融合的若干意见》，明确提出产业链、教育链、创新链和人才链，并将四者进行有机融合，倡议将产业和创新对接到学科发展，将工匠精神融入教育之中，企业与高校共同促进高等教育发展，完善教育体系改革，提高实践性课程的占比，深化产教融合；第五个阶段是"十四五"规划期间，构建应用型高质量教育体系，建设一流应用型本科院校和专业，设置产业群和学科专业群相融合相呼应的教育发展模式，对接国民经济和社会发展，根据国家未来发展战略，比如，《中共中央关于制定国民经济和社会发展第十四个五年规划和 2035 年远景目标的建议》中的战略性新兴产业和重点领域突破发展需求，进行资源重组与优化，大力推动推进产业链、教育链、创新链和人才链的发展，助推产教融合高质量发展，深化改革应用型本科教育发展方向。

1.3.3.1 产业链

产业链是产教融合的中心点。首先，科学技术是第一生产力，专业技术不断地推动着产业的发展，并在产业发展之中不断革新、升级、补全与完善，但专业技术理论教育化是企业的短板，而应用型本科教育又缺乏产业的前沿专业技术。若将经验性的前沿专业技术的"专"和应用型本科教育的"育"相结合，则能催生出科学系统的专业理论化体系，以培养更多助力产业发展的人才。其次，即使有大量的资金来源和市场需求，产业链里有时也会遇到难以解决的技术瓶颈问题，这就需要高科技实用性人才来解决这些问题。最后，将二者很好地有机结合，既能够解决企业的技术问题，也能为高校的科学研究提供用武之地，较好地实现产业与科研成果之间的转换与产出。最重要的是，由于应用型本科教育培养出的创新型专业应用人才是为产业和行业服务的，因此，产教融合的深入发展离不开产业链。

为了更好地实现产业链同应用型本科教育高质量的融合式发展，可从以下几个方面进行创新式规划：第一，建设产学研一体化培养的保障机制。首先，在国家层面上，出台相关政策和法律，保证产业、高等教育和科研一体化培养的融合机制。其次，在融合机制保障下，产业界要与教育界开展校企合作共同育人，比如，将行业中学徒导师制、职业培训、实习实践等与学业导师制、学术理论、专业知识相结合，将职业培训融入专业知识、理论知识的实践过程中，实现学校和企业的双导师制，实行产教一体化的联合培养。最后，开展"产业＋教育"的校企合作的培训中心，让企业和高校协同培养高校学生和企业员工，实现"产业＋教育"的实践和培训，促动校企联合培训的发展。第二，将产业群与学科专业群以紧密联合方式共同发展。随着产业的密集化区域逐渐发展形成区域化产业群，与此同时，高等教育中的学科专业群应当把产业群融入其中，将产业群与重点教学专业内容相契合，推动产业群和学科中职业技术、学科知识和专业技能的同步创新，助力市场产业群和应用型本科专业群的转型与发展，打造产业链中一流的应用型专业，以更好地服务产业经济和市场需求。第三，整合产学信息建立共享平台。整合产业群和学科专业群的优质资源，将产教融合中双方的专利技术、科研平台、设备设施、实验场地和资源信息实现公开透明式的共享，优化产业和教学的资源共享与利用。第四，发布技术共研激励型政策。为了促进科学技术高质量发展，政府可以出台奖励性政策鼓励企业和高校共同研发和攻克产业群中关键性技术、"卡脖子"技术、共性难题技术和具备战略性发展的重要技术。采用每年发布竞争性科研项目的模式，并在科研项目任务指南中将以上重要技术难题具体化和指标化进行考核，鼓励企业和高校共同合作研发，校企合作的技术攻克研发成功后予以激励。采取这种方式，既能够解决很多企业面临的技术难题，还能提高高校的科研实用性，最终推动市场经济与产业链的发展。政府还可以鼓励企业和高校共同开展科学技术成果研发，这既能将研发出的成果产业化，又能将其反哺到教育中，而产业学院就是实现产业链和教育链的共赢发展的典型。第五，建设政府—企业—高校科研产业链生态圈。由政府牵头形成科研平台，通过平台打造校企合作式领军人才团队或社会科研服务团队，发挥各自的优势，形成产业研究方向与领域，以市场经济和产业发展为主导，以项目为依托，研发创新、高水平的应用成果和技术，或者培养校企人才，或者打造智能团队，为产业群提供科研技术服务。企业可以发挥其功效将研发成果或者技术生产化、产品化和商业化，推动市场经济发展，企业的经济效益带来的税收可以反哺地方政府。同时，科研平台可以助力高校完善科研体系和课程体系，将新研发的科学技术融入专业知识建设或科研建设中，通过课程育人和科研育人，培养出来的人才自然而然能够满足社会新兴产业的市场需求，从而完成新兴专业技术的传承与应用，通过以上方式能形成产业链科研生态圈。

1.3.3.2 教育链

我国应用型本科教育是服务地方产业和社会经济而兴起的。随着时代的发展和产业的转型升级，应用型本科教育开始出现一些问题：一是应用型本科教育中的知识体系严重落后于产业发展所需的知识体系，课程体系过于老旧，与产业知识相关性不强等；二是应用型本科教育中所学的专业知识与新兴的产业知识脱节，认知上存在较大的偏差，所学知识在实际运用中无法操作和使用；三是应用型本科教育中培养的人才不适应市场和产业需求，人才培养的目标定位和培养方式与过程已经跟不上时代和产业发展的步伐。因此，应用型本科教育必然需要进行革新变化以顺应时代发展潮流，即将教育链与产业链相融合，根据产业和市场需求，不断调整和优化人才培养目标、知识体系、专业课程和评价方式，进行应用型本科专业和行业特色化建设，实现产教融合，形成不断研究、实践、总结和改进的良性循环教学改革模式以取得真正实用的成效。

教育链可以采取一些借鉴式路径进行革新：第一，应用型本科教育学科的教学指导委员会要由行业专家、技术能人、学科带头人等组成，由教学指导委员会和行业组织共同参与并制定教学中的行业准则、教学模式和评价方式等，形成多方协同育人和多方评价的教育新格局。第二，革新专业建设、课程体系、人才培养体系和方式。首先，行业组织可以参与高校的专业建设和人才培养方案的撰写与修订，把产业链和教育链相对接，将产业建设中的要求和标准与专业建设相融合，人才培养的目标中也可以增设行业职业素养要求、行业资格证书的考取等与行业相关的毕业要求。在人才招生考试中，将行业实践经历、实际操作能力和行业资格证书等纳入招生考试的考量之中。其次，将行业和产业融入专业化建设和学科建设中，对高校第一课堂和第二课堂中专业学科的课程内容进行重新构建和设置，把教学内容与行业标准、产业知识与技术相结合，利用好数字化教学资源，打造多元化和多层次的进阶课程。最后，将实践性课程中融入产业的生产实际操作过程，在不同的学期阶段性设置实践性课程或者提高实践性课程在总体课程中的占比，层层递进式地学习和实践，让学生边学、边实践、边提升。此外，高校与企业合作，开展校企双方协同育人模式和实行校企双方评价体系，让学生拥有来自企业和高校的双导师，企业导师能够参与实习实践和毕业认定中。同时，聘请企业的专家、高级职称的工程师和行业能人到高校作为兼职教师给学生授课，推动教育链中应用型课程的发展。第三，改变对高校教师的评价与考核方式。将专业实践经验作为教师准入和考核的重要指标，因为有些教师虽有学历、教师资格证和教学经历，却几乎没有行业工作的经验，也没有接触过先进的仪器设备、专业知识和技能，培养出的学生自然也严重匮乏行业知识，也就不能跟社会需求相符。因此，除将学历、教师资格证和教学经历作为教师准入门槛和教师考核的参考指标外，在应用型本科教育中，还应当将教师的行业实践经验和行业资格证书等纳入教师招聘和教师考核的重点考量范畴。此外，需要改变学术成果评价方式和机制，教师的学术成果和职称评审是高校教师进行科研和教学发展的指向标，除将奖项、论文级别、项目等级、专著等作为重点参考内容外，应将教师在企业的实践经历、科研技术带来的社会经济效益、指导学生产生的科研创新项目和学科竞赛获奖等纳入考核，同时，还应加大教师在产业中实用性科研成果在考核中的占比，这样才能更好地促进以产业为主导的应用型研究，提高应用型本科教育的发展质量。在教育改革中，重视专业建设、课程体系、教学模式、学术科研、教师评价与考核方式和人才培养中的每一个环节，将其与产业链有机结合，形成全新的教育链，以培养出适应市场需求和行业发展的应用型本科人才。

1.3.3.3　创新链

在数字化的时代背景之下，我国经济市场中人力资源的提供方式以及人力资源结构发生了改变，在这种新形势下，教育链要与创新链实现有机结合，才能提高应用型本科教育质量并推动经济的优化转型。教育中的创新链是指将教育链视作创新的中心点，以产业链和市场经济为主导，通过创新方式把产教融合中的企业与高校连接起来，实现知识结构和人才培养优化的功能性链接。数字化的不断革新使得教育不断发生创新。首先是创新办学观念。在办学定位和理念上创新，应用型本科教育的高等院校要围绕地方经济发展、地方产业群和自身办学特点，找准学校发展目标和方向，培养创新型应用人才。其次，要改革创新学校的教育体制机制，深化教育中的"放管服"，革新高等教育中管理机制和优化教育结构，为应用型本科教育在产教融合的道路上提供创新的保障。最后，数字化教育模式的创新要利用好现代化的信息技术，转变教学理念和手段，创新数字化教学，将产业链与知识链进行创新式结合，以学习者为中心，转变学生的学习观念，提供数字化的多渠道学习资源与方式，培养学生的创新型思维和精神，提高教学水平和质量，找到适合培养应用型人才发展的教学道路。除以上提到的教育创新方式外，产教融合中也存在其他方式促进教育链和创新链的有机结合。具体如下：

第一，创新优化重点学科。根据城市在国家战略中的定位，面向国家未来经济和行业发展策略，依托地方经济和产业发展群，结合特色优势学科群，对重点学科不断地创新和优化。第二，将重点特色学科与地区产业群开展产教融合，搭建校企合作的框架协议，实现校企双方的资源共享与优化。从企业的角度，企业可以为学校提供以下协助：支持学校专业建设，推荐业内专业人士参与学校的人才培养方案撰写与修订、课程与教材开发、实训项目设计与教学实践活动等；建立就业实习基地，拓宽学生的实习实践渠道，安排和指导岗位实习，为学生提供职业技能培训、专业技能讲座和就业岗位机会，培养学生的实际操作能力和职业素养；提供咨询服务和业务培训等。从学校的角度，学校可以为企业提供以下支持：共同申请和建设技术研发中心，参加人才研讨会议，时机适当时，安排教师到企业锻炼并承担部分项目的科研工作；学校给实习基地授牌，推荐应届毕业生参加企业的就业实习活动，要求毕业生在实习期间遵守企业的规章制度、严守商业机密和服从企业的管理；学校为企业做好校园招聘的宣传与组织工作，并根据企业的要求推荐和输送优秀人才。第三，校企合作搭建研发平台和共同申报项目。首先，学校教师可以依靠自身科研实力或者组建团队的方式跟不同企业开展合作，在优势学科方向上为高校所在地区或者跨区域的合资企业、独资企业、国有企业、民营企业等提供技术性服务。其次，校企合作较长久的，双方可以作为共建单位或者依托单位协同联合申报共建专业工程技术研究中心、实验室创新中心、大学优势学科方向产业研究院或大学科技园区，搭建学科方向平台等。在中心或平台成功搭建后，双方可以依靠学科优势和自身特色，在更大区域或范围内申报更多的横向项目或纵向项目，从而争取更多的平台经费、科技人才和学科资源以开展应用型的技术研究和创新，推动高校的科研和学科专业发展，促进企业的技术研发、成果转化和产业链的升级优化。除搭建教师的科研平台外，校企合作双方还可以创建教学式的学生技术创新中心或学科竞赛平台。在教学式的学生技术创新中心，教师和行业专家共同协作，将可公开的前沿的企业技术和实际操作融于课堂教学之中，形成科研教学氛围；学生也可以组成团队申报"互联网＋"大学生创新创业大赛或"挑战杯"等的应用型项目，在校企双导师的指导下利用技术创新中心，做出一些科研或者创新成果，让学生通过项目研究促进学习。通过学科竞赛平台参加学科专业竞赛，在竞赛中汇集创新思路，创新企业技术研发路线，同时也能提升教师教学科研能力和学生学习竞赛能力。通过以上方式能够促进产业链、教育链和创新链的不断融合，从而助推产业的优化升级，促进企业的技术创新，优化教育中的学科建设，带动高校科研发展，同时，也能够提升教师课程育人和科研育人能力，激发和培养学生的创新思维和创新运用能力，充分发挥产教融合的创新作用。

1.3.3.4　人才链

人才链是产业链、教育链和创新链中的关键环节，产业发展需要的是人才，教育的目的是培养人才，自主创新依靠的是人才。在应用型本科教育中，现代高等教育的高质量内涵式发展是培养创新型应用人才。拥有创新思维和工匠精神的人才能在自己的岗位上采取实际有效的行动开拓创新，不断追求高质量的产品和服务，创造新技术改良生产方式和生产结构，提高生产效率，降低生产成本，保障产品质量，提供优质服务，促进企业间不断地竞争，激发产业新活力，促进产业新升级和产业经济新增长。对高层次的创新型应用人才主要培养以下三个类型人才：企业人才、教师人才和学生人才。

企业人才，企业的发展离不开人才，不同类型的人才推动着企业多方面的发展。一般，企业拥有的不同类型人才如下：第一类型是战略决策型企业人才，这类型人才就是公司的决策者，决定公司未来的发展方向及经营决策方式，属于公司的高管人才；第二类型是执行策略型人才，这类型人才的行动能力和动手能力非常强，能提升公司的生产力、销售力和工作效率；第三类型是专业技术型人才，这类型人才擅长研发和应用技术，是公司核心技术的研发者；第四类型人才是综合型人才，这类型人才能够适应公司的不同岗位和工作，既能做管理又有技术，故综合型人才非常难得。无论是哪种类型人才，均可通过参与校企合作，在高校进一步深造，不断地进行自我提升，成长为行业领军人才，发挥自己的领军实力，给企业和高校培养更多的专业应用型人才。

教师人才，教师是培养学生的主力军，要想培养出更多的学生人才，高校和企业应当联手打造应用型高校教师，不断提高教师的综合水平和能力。首先，加强"双师双能型"队伍建设。学校和企业相互合作搭建教师实践平台，定期给青年教师或者骨干教师提供到企业工作锻炼、培训和交流学习的机会，让教师在行业中取得一定成绩，专业能力得到锻炼和提升，将"双师双能型"和行业资格证纳入绩效考核，并将行业中的工作经历、工作实践业绩、"双师双能型"等作为教师职称评选的重要参考项。其次，完善和改进教师的培训体系。在教师的入职培训、专业培训和进修培训中都应当加强对行业、专业和产业前沿知识的培训，并激励专业教师参加社会专业资格证书考试，提高自身专业涵养。再次，高校要重视应用型本科教育中教师领军人物的培养，加强对省市级学术和技术带头人及后备人选、学科专业带头人、高学历高职称人才等的引进，建设具有特色的科研专业团队或者专业化的教学工作室，让骨干教师带动青年教师和其他教师共同学习、进步和发展。最后，完善教师提升机制。教师的提升不应当只拘泥于职称评审，还应当给优秀的教师创造机会以进一步提升，如优秀的硕士研究生教师有攻读在职博士或脱产型博士的机会，优秀的博士研究生有在博士后工作站中学习和研究的机会，以及教师到行业知名的国内外高校进行访学和交流等的机会。以上方式在提升教师专业素养的同时，也加强了教师队伍建设。

学生人才，是国家富强和民族复兴的希望，是行业和产业发展的后继者，是教育培养的主要目标。对学生人才的培养应当分专业和层次进行，注重个性化教学，采取不同的教学模式，将专业教学与生产实践、社会实习和劳动教育相结合，让学生能在校园里学到知识，也能在企业里进行实践操作。在应用型本科教育中，思想教育是教育之本，要从思想层面和道德层面培养学生的爱国精神、工匠精神、创新精神、科学伦理等，在应用型本科教育课程中融入课程思政元素。强化道德素养在人才培养中的指导作用。对学生而言，专业技术及其应用是其未来在社会上的立足之本，要通过教学、实验、科研和实习实训实践等方式培养和强化学生的知识获取能力、专业技术能力、实际技术运用和操作能力。学生可以在校园里通过担任学生干部、参加活动与竞赛、组建团队申报创新创业项目、参与科研项目等多种方式提高自己的团队协作能力、领导能力、创新能力和科研能力，也可以在企业中进行社会实践，提高自己的社会阅历、实际操作能力和行业经验。此外，学生还可以利用互联网渠道，获得网络学习资源，弥补自身的不足之处。这样的人才在拥有创新式的工匠精神和足够的专业知识后能够反哺企业，实现教育链和人才链与产业链和创新链的有机衔接和融合。

1.4 应用型本科院校及人才培养

1.4.1 应用型本科院校建设的必要性

就应用型本科教育而言，其办学模式的主要载体是应用型本科院校。不同国家的应用型本科院校有不同的模式。美国是应用型的普通大学、技术学院和社区学院，德国是双元制的应用技术大学，英国是工读交替制的学位课程教育和职业资格证书保障体系的应用型本科院校。

进入 21 世纪后，世界经济发展越来越全球化和快速化，我国经济也呈现经济区域化的特征，产业在经济区域化的发展中是主导，产业的升级换代离不开应用型人才与技术的研发。因此，我国高等教育需要调整发展模式，围绕地区经济发展和产业布局，培养大量的应用型技术人才。教育人才培养体系层次丰富才可能满足市场需求，我国职业教育方面中有中专生、高专生、专业型硕士生和专业型博士，但本科生在职业教育方面相对不足。加之，学术型本科院校招生规模的逐渐扩大，导致高等职业院校的生源量严重下降。为了打破高等职业院校生源相对缺乏和各层次间人才培养的不均衡性的困境，应用型本科院校应运而生。它能够有效地建立起人才培养的梯队和晋升层次，也能够让高等职业院校的学生在未来的学业上有机会实现进一步提升。因此，我国的高等教育办学模式可以适当借鉴国外的应用型本科院校办学经验，根据我国国情、办学实情、市场需求和人才层次培养等，积极探索应用型本科院校创新化和本土化办学模式，解决大学毕业生就业难问题，让人才培养和市场需求相匹配，找到一条适合中国高等教育建设和发展的应用型本科院校兴办之路。针对以上现象，我国掀起了高等院校转型发展和建设应用型本科院校的改革，2013 年，国内应用技术大学（学院）联盟在教育部的指导下建立。此外，国务院、教育部联合制定和颁布了一系列的政策文件，如 2014 年出台的《关于加快发展现代职业教育的决定》和《现代职业教育体系建设规划（2014—2020年）》都指出了建设应用型本科院校的迫切性和重要性，鼓励兴办应用型技术大学和学院或者将一批高等学校转型发展为应用型本科院校，以服务地区和区域经济为目的，将高等教育、职业教育和继续教育融为一体，培养应用型本科人才。引导部分普通本科院校向应用型本科院校转变是党中央、国务院的重大决策部署，是高等教育结构调整的重要着力点和战略突破口。

1.4.2　应用型本科院校的分类

为了更好地培养面向市场和产业的应用型人才，中国高等教育出现一批地方化、区域化和应用化的本科院校。目前，全国各地已经出现了很多优秀的特色化或者综合化的应用型本科院校。下面就办学特色和变革类型将应用型本科院校进行划分。

1.4.2.1　由院校合并而发展起来的应用型本科院校

重庆科技学院始建于 1951 年，由重庆市人民政府与中国石油天然气集团公司、中国石油化工集团公司、中国海洋石油总公司共建，学校由重庆工业高等专科学校和重庆石油高等专科学校于 2004 年合并而成。

武汉商学院是湖北省第一批转型发展试点院校。学校始建于 1963 年，原名武汉市服务学校。2004 年，武汉市经济管理干部学院、武汉职工财经学院和武汉市职工大学并入武汉商业服务学院，组建成新的武汉商业服务学院。2013 年，经教育部批准在武汉商业服务学院基础上建立的普通本科院校，2013 年 4 月更名为武汉商学院。

黄淮学院，学校始建于 1971 年，前身是驻马店师范高等专科学校和中原职业技术学院，2004 年合并为黄淮学院。2017 年，驻马店市卫生学校并入黄海学院。

这类本科院校是基于高校之间资源整合和优化，由高校探索自身革新、地方政府主导或者企业参股联合举办而产生的，其目的是实现教育资源的最优化，从而更好地培养应用型人才。

1.4.2.2　专科升级成立的应用型本科院校

云南经济管理职业学院创建于 1992 年，原名云南教育科技培训学校，2004 年，经云南省人民政府批准设置为全日制普通高等专科职业院校——云南经济管理职业学院。2011 年，学校被确定为云南省级示范性高等职业院校。2014 年，经教育部批准，升格为本科院校，启用云南经济管理职业学院校名。

上海电机学院成立于 1953 年，由原第一机械工业部电器工业管理局筹建，并由上海中学、上海工业学校、国立上海高级机械职业学校部分师生组建而成。初时校名为上海电器制造学校，先后历经了上海电机制造学校、上海电机制造技术专科学校、上海电机技术高等专科学校的发展演进。学校是 1985 年全国首批举办五年制技术专科教育的试点学校，2002 年被列为国家重点建设的高职高专院校。2004 年，上海机电工业学校和上海机电工业职工大学并入学校，2021 年 9 月，学校更名为上海电机学院，升格为全日制普通本科高校。

这些专科院校之所以能够升级为应用型本科院校学校，是因为市场需求和学校本身学习累积了丰富的办学资源和经验，加之其本身就是应用型专科学校，升级为应用型本科院校后，继续坚持应用型办学方向。近年来的数据显示，我国技术工人数量少，造成了市场需求严重不足。为了确保有高层次、高技术人才填补这一空缺，教育部决定发展本科层次的职业技术教育，将一些优质专科院校升级成立为应用型本科院校学校。

1.4.2.3　成功专升本的院校再转型发展为应用型本科院校

宜宾学院前身为"社来社去"试点班和宜宾地区共产主义劳动大学，校址在原南溪县李庄镇白庙村。1978 年 12 月 28 日，经国务院批准为宜宾师范专科学校。1993 年，经国家教育委员会批准，更名为宜宾师范高等专科学校。四川教育学院宜宾分院（宜宾教育学院）是国家教育委员会 1994 年 3 月 28 日批准建立，由四川省教育委员会和宜宾市人民政府（原宜宾地区行署）领导，宜宾市教委（原宜宾地区教委）具体管理，业务上接受四川教育学院指导的教师培训学校。四川省宜宾师范学校前身为 1939 年兴办的"四川省立宜宾师范学校"，在宜宾解放后更名为"川南宜宾师范学校"。1952 年 12 月，学校再次更名为"四川省宜宾师范学校"。2001 年 5 月 11 日，经教育部批准，宜宾师范高等专科学校和四川教育学院宜宾分院（含四川省宜宾师范学校）合并组建为一所省属全日制综合性普通本科院校即宜宾学院。宜宾学院原本是师范专业起家的学校，升为本科院校再转型发展为应用型本科院校，成为四川省整体转型发展改革试点院校之一。

河南城建学院，是河南省唯一以工科为主、以"城建"为特色的多学科协调发展的省属本科高校，也是全国仅有的以"城建"命名的两所本科高校之一。学校始建于 1983 年，前身是河南城建高等专科学校。2002 年 3 月，经教育部批准，升格为本科院校。2016 年，学校入选教育部数据中国"百校工程"产教融合创新项目试点院校。

这类院校是因为国家政策、政府导向、市场需求和自身发展等多方面因素，成功升为本科院校后再次转型发展为应用型本科院校。

1.4.2.4　以地方城市为中心的而兴办起来的应用型本科院校

深圳大学，简称"深大"，1983 年经教育部批准设立，担任着为国家高等教育特别是应用型高校的改革进行探路的光荣任务，是一所为经济特区提供高端人才培养和科技成果服务的特区大学。

五邑大学坐落于广东省江门市，是一所以工科为主的多学科性大学，为广东省高水平理工科大学建设高校，CDIO 工程教育联盟成员单位。五邑大学由广东省人民政府于 1985 年设立，1990 年成为学士学位授予单位，1996 年成为本科教学合格单位。

这类学校是因国家政策和以地方城市为中心服务地区经济而兴办和发展起来的应用型本科院校。

1.4.2.5　应用型本科院校下的现代产业学院

莆田学院成立了装备制造、电子商务、食品与化工等 6 个产业学院涵盖 22 个专业，推行厂校结合的教学模式，学校开设有实训室、相关行业的虚拟仿真实验室和专业实训车间等，聘请行业或者企业专家来校指导具有实践性的教学环节，不断提高学生的操作能力和实践能力，为莆田及区域产业培养出符合地方经济发展的高素质应用型人才。

四川轻化工大学与中国酒业协会、五粮液集团共同筹建"中国白酒学院"。该学院发挥四川白酒行业的特色和优势，连接学校的生物工程学院的人才培养，将酒业制造的工匠精神、工艺核心技术作为核心，进行产教融合，成为四川省的首批产教融合示范点，创建了中国白酒学院的五粮液英才示范班，为白酒行业培养了一批应用型人才，为产业注入了新鲜的血液。

这类本科院校下的现代产业学院是将教育链、人才链与产业链、创新链有机衔接的典型，在技能人才培养和行业共性问题攻关方面深化合作，对接地方支柱产业、新兴产业和特色产业链，对焦地方需求，聚焦地方服务，推动本科教学向协同育人转型、学科专业向学科专业产业相互对接转型发展，是以"学校＋行业协会＋企业"为架构而成立的现代化产业学院。

由院校合并而发展起来的应用型本科院校、专科升级成立的应用型本科院校、成功专升本的院校再转型发展为应用型本科院校、以地方城市为中心而兴办起来的应用型本科院校和应用型本科院校下的现代产业学院划分的五类应用型本科院校及其下属学院是应用型本科教育的主要载体。

1.4.3 应用型本科院校的办学定位与人才培养

随着世界经济和生产力的不断提升，市场对未来产品和人才的要求会越来越高，竞争也会越来越强，高等教育会越来越普及，高校毕业人数日剧增加，毕业生就业竞争会越来越大。据教育部数据统计，2017—2021 年中国普通高等学校数量呈增长趋势，截至 2021 年中国共有普通高校 2738 所，比 2020 年增加了 50 所；2010—2022 年的应届生毕业人数由 631 万增长到了 1076 万。与此同时，出生人口数每年都呈递减趋势，出生人口数已经从 2010 年的 1588 万降到 2021 年的 1062 万。现阶段高等教育招生规模的不断扩大会导致高校之间的人才和生源的抢夺会越来越激烈，而出生人口数的不断减少也会导致多年后高等教育招生生源数量和规模的缩减而不得不进入竞争加剧的时代。应用型本科院校在竞争激烈的背景下，想要在招生数量、人才培养和就业质量等方面优胜于其他院校，须根据国家的未来发展战略和市场经济未来发展找准办学定位，分析自身的优势、劣势、发展机会和存在的竞争对手，从教学、科研、服务、人才培养和创新等方面入手强化自身特色，找到一条适合自身发展又能够在竞争中脱颖而出的应用型本科院校兴办之路。

对应用型本科院校的办学定位和人才培养主要从以下三个方面进行分析。

1.4.3.1 国家的未来发展战略

应用型本科院校的办学定位要与国家的未来发展战略同步，以国家需要发展和急需的学科方向为主，优化学校的整体学科和专业布局，适应新形势下的社会经济发展。现以材料与化工专业为例，从国家层面来说明材料与化工专业的未来发展形势。第一，《中共中央关于制定国民经济和社会发展第十四个五年规划和二〇三五年远景目标的建议》提及发展战略性新兴产业，要求加快壮大新一代信息技术、生物技术、新能源、新材料、高端装备、新能源汽车、绿色环保、航空航天、海洋装备等产业。第二，《中国制造 2025》指出，大力推动重点领域突破发展：瞄准新一代高端装备、新材料等战略重点，引导社会各类资源集聚，推动优势和战略产业快速发展。其中，在新材料方面，以特种金属功能材料、高性能结构材料、功能性高分子材料、特种无机非金属材料和先进复合材料为发展重点，加快研发先进熔炼、凝固成型、气相沉积、型材加工、高效合成等新材料制备关键技术和装备，加强基础研究和体系建设，突破产业化制备瓶颈。积极发展军民共用特种新材料，加快技术双向转移转化，促进新材料产业军民共用融合发展。高度关注颠覆性新材料对传统材料的影响，做好超导材料、纳米材料、石墨烯、生物基材料等战略前沿材料提前布局和研制，加快基础材料升级换代。第三，我国 35 项

"卡脖子"关键技术中约有2/3的项目跟材料和化工专业密切相关，如真空蒸镀机、燃料电池关键材料、芯片、ITO靶材和锂电池隔膜等，这些专业需要的学科人才数量将急剧增加。以上三点能够充分说明材料和化工专业高度契合国家未来发展战略，也将会是国家未来发展的重要方向。因此，应用型本科院校的办学定位和人才培养应当充分考虑国家的未来发展战略。

1.4.3.2　地方发展和支柱产业

以服务地区经济而兴办起来的应用型本科院校，这些学校的发展通常离不开地方政府的主导，有的甚至就是为了服务地方代表性产业和支柱行业。如何将自身与地方政府政策、支柱产业和地方经济相融合，是应用型本科院校的办学定位和人才培养当下应思考的发展之路。2022年6月，习近平总书记在四川省宜宾市先后考察三江口长江流域生态修复保护、了解宜宾学院高校毕业生就业和极米光电有限公司的企业自主创新等情况。宜宾市在2017年的外贸进出口额刚进入全省的前六，即使在严峻的国际形势挑战之下，宜宾市2018—2021年的外贸出口额位居全省第二，实现大幅增长。2022年上半年，宜宾市地区生产总值达1466亿元，公共预算收入168亿元，都呈上升趋势。同时，宜宾市拥有众多高校，如成都理工大学宜宾校区、西华大学宜宾校区、四川轻化工大学宜宾校区、宜宾学院、四川外国语大学成都学院宜宾校区、成都银杏酒店管理学院宜宾校区、成都工业学院宜宾校区、四川大学宜宾园区、电子科技大学宜宾研究院、同济大学中德工程学院、西南交通大学研究生院宜宾分院、西南大学宜宾研究院等。因此，下面以四川省宜宾市为例，从材料与化工专业的角度出发，结合地方的发展情况说明应用型本科院校的发展定位应考虑地方发展和支柱产业的因素。

从四川省层面出发，首先，在四川省《新材料产业培育方案》中，材料与化工类的发展重点方向分别是先进基础材料、关键战略材料和前沿新材料。在整个四川省的经济圈中，根据地域资源和产业经济的不同，不同地区的材料与化工类的主要研究发展方向也不同，比如，省会成都重点发展的是高性能纤维及复合材料、特种金属功能材料等，环成都经济圈是重点发展高端装备用特种合金材料、石墨烯及核石墨等先进碳材料等，川南经济区重点发展的是先进化工材料、高分子及复合材料等，川东北经济区重点发展的是铝基材料、锂电池材料等，攀西—川西北经济区重点发展先进钒钛钢铁材料、先进有色金属材料。其次，在四川省《绿色化工产业培育方案》中，材料与化工类的发展重点方向分别是化工新材料、精细化工、天然气化工、硫磷钛化工、石油化工、化工装备制造等，其目标是以科技创新为动力，未来要不断加速化工新材料和精细化工方向的发展，加快这些重点方向产业的转型升级，大力发展省内和地区循环经济，提升材料的资源综合利用率，争取未来将四川省打造成为绿色化工产业的强省。

从宜宾市层面出发，宜宾市要打造"8＋2"产业体系，其中汽车、新材料、节能环保、通用航空等都与材料与化工类相关。与此同时，在《中共宜宾市委关于制定宜宾市国民经济和社会发展第十四个五年规划和二〇三五年远景目标的建议》中，宜宾市未来将坚定不移实施"产业发展双轮驱动"战略，加快构建食品饮料、锂电、电子信息、高端装备制造、新材料、绿色能源化工"5＋1"千亿级产业集群。

从地方企业和行业层面出发，宜宾市有材料与化工类实力强劲的知名企业，如宜宾丝丽雅集团有限公司——我国西南地区以生产再生纤维素纤维为主导产品的大型企业；宜宾天原集团股份有限公司——集氯碱化工、精细化工、建筑材料、煤化工于一体的企业集团，是四川省突出贡献企业和宜宾市支柱骨干企业，是在深圳证券交易所挂牌上市企业；四川时代新能源科技有限公司——宁德时代新能源科技股份有限公司的全资子公司，宁德时代新能源科技股份有限公司是全球领先的锂离子电池研发制造公司，四川时代新能源科技股价有限公司的动力电池生产制造基地项目总投资达 100 亿元，占地 1000 亩，将建设成为具备世界一流技术水准的新能源动力电池制造基地，并将其打造成节能环保的绿色生态产业园区；宜宾市极米光电有限公司——专注于激光电视和智能投影设计、研发、生产，极米于 2018 年和 2019 年连续两年蝉联中国投影机市场出货量第一位，2020 年问鼎中国投影机市场出货量、销售量双第一。

从《中共宜宾市关于制定宜宾市国民经济和社会发展第十四个五年规划和二〇三五年远景目标的建议》中可以看到，材料与化工专业符合四川省和宜宾市的产业发展政策，在宜宾市的地方支柱行业和地方经济圈中，材料与化工专业跟行业与企业密切相关，因此，四川省宜宾市当地的应用型本科院校可以将材料与化工专业作为学校重点建设的学科群之一。

通过上面举例分析，应用型本科院校的办学定位和人才培养方向应当将省市地方发展和支柱产业纳入考量。

1.4.3.3　办学理念和人才培养

应用型本科院校办学理念各不相同，但任何应用型本科院校的办学理念都离不开初心和使命，不忘立德树人的初心，牢记为党育人为国育才的使命。从功能的角度来说，应用型本科院校都应当以培养应用型本科人才为办学目标，以教学为立校之根，以科研为兴校之基，更好地服务地方产业与经济，打造国际化发展趋势。应用型本科院校发展紧扣国家战略，紧密对接省市产业发展，形成创新型、应用型、国际化的办学格局，促进自身高质量内涵式发展。人才培养要从国家发展战略、紧缺人才培养和就业率来考量，以材料与化工专业为例，在国家和宜宾市的"十四五"规划中都明确指出畅通国内大循环，化工基础行业产量将大幅上升，市场对材料与化工专业人才需求将急剧增加。由教育部、人力资源社会保障部、工业和信息化部印发的《制造业人才发展规划指南》可知，社会对材料专业人才的需求不断大幅度上升，2025 年人才短缺预计达 400 万。麦可思发布的《2018 年中国大学生就业报告》认为，2018 年中国大学专业工资最高的 20 个专业，有 4 个专业都跟材料与化工专业紧密相关，材料与化工专业往届毕业生工资水平处于较高水平，说明材料与化工专业的毕业生就业前景良好。以上数据表明，人才培养除了要将地方经济和行业、创新优化重点学科专业建设、课程体系、人才培养体系和方式、科研育人和教师队伍的建设等纳入办学考量外，还应当从国家和省市未来的重点发展战略、紧缺专业和就业市场前景进行调整和优化。

1.4.4　第二课堂的建设在应用型本科院校及人才培养中的重要性

《关于全面提高高等教育质量的若干意见》《普通高等学校本科教学工作审核评估方案》《中共中央关于加强和改进党的群团工作意见》和全国高校思想政治工作会议精

神，都要求进一步强化第二课堂在人才培养中的重要作用，协同推进第一课堂和第二课堂的互融、互动、互补、互促，构建"价值塑造、人格养成、能力培养、知识探究"的创新人才培养体系，促进大学生全面发展，第二课堂从 2018 年秋季学期开始面向全国高校推广实施。因此，第二课堂成绩单制度是应用型本科院校融入人才培养的新体系。

高校第二课堂与高校第一课堂共同构成高校的育人课堂，高校第二课堂与高校第一课堂的侧重点有所不同，第二课堂包括大学生的思想政治与道德教育、心理素质与身体素质、社会实践与志愿服务、学术科技与创新创业等。第二课堂的课堂更具备灵活性和实践性，如心理健康课程、劳动教育课程、就业指导课程和创业课程等。以劳动教育课程为例，既可采用第一课堂的线下固定课堂模式，又可采用线上教学模式，还可进行劳动实践。第二课堂的自愿性、自主性和新颖性较强，学生可以根据自己的兴趣爱好选择修读或者参与不同的第二课堂实践，以科研项目为例，选择哪种类型的科研项目、具体研究什么内容和如何分工及完成项目等均由学生自行协商决定并申报。因此，第二课堂应以立德树人为宗旨，创新应用型本科院校的人才培养模式，提高学生的思想道德素养，培养学生的实践、创新和科研能力等，丰富学生的文娱活动和体育活动，加强了学生的身心锻炼，是对学生综合素养和综合能力的有效培养途径。

高校第二课堂与高校第一课堂共同承载着应用型人才培养的任务，第二课堂是对第一课堂的有机补充，第二课堂采用记录式、学分式、综合式等评价方法。第四次全国教育工作会议提出育人为本要重视素质教育的质量。第二课堂是素质教育的载体，是高等教育的综合改革和人才培养的质量提升的教学模式。因此，第二课堂的建设在应用型本科院校及人才培养中意义非凡。

第2章 第二课堂概论

2.1 国内外高校第二课堂研究的探索

第二课堂是由我国教育学术界率先提倡的概念，但在国外的高等教育中，早已经存在类似于第二课堂的教学，如隐性教育、素质教育、课外实践活动或非正式课程等。国外类似第二课堂教学的产生与发展在高等教育中要早于我国，20世纪90年代，国外的高等教育已在不断探索课内与课外相结合和以学生为中心的创新育人模式，有些实践活动甚至与专业的相关性较高。美国、加拿大、澳大利亚、英国、新西兰等国家的高等教育对学生课外实践活动有明确的规定与要求，类似于第二课堂的实践活动。

美国的高等教育，学生除了要完成课堂上规定的课程学习，还需要参加各种社团或者协会活动，美国大学生协会拥有专门的管理规章制度和法律条文规定，大学生要按照协会规定进行管理和活动。而社团则是学生根据自己的兴趣爱好或者擅长选择加入的，美国的大学社团大概可以分为以下几类：学生组织类社团、学术学习类社团、运动类社团、文化活动类社团和志愿者类社团。参加这些社团组织的活动还需要接受学校有关部门、活动举办方或者社区等的监管与评估。美国的大学还有课外体育活动，注重个人潜能开发，通过棒球、橄榄球和游泳等比赛激发学生对体育锻炼的热情，培养团队运动协作和个人竞赛精神等。此外，美国的高等教育中还包括创新创业教育体系，高度重视演讲课程，以加强学生的沟通技能。美国的高等教育利用互联网特性，采用慕课或翻转课堂类型的教学创新模式，让网络资源丰富学生的学习资源与渠道。美国的高等教育课堂内的教学总学时与我国的课堂内的教学总学时相比较少，这让美国大学生可以花更多的时间在课外学习和实践之中。

英国的高等教育中也存在类似于第二课堂的实践活动，比我国高校第二课堂开设范围更广且实践活动量更多，学生可以进行自主选择和计划安排。英国的高等教育的学生若有创业想法，科技园则为学生搭建创业平台，配备专业人员指引，激发学生创业热情，落实创业载体。英国高等教育将信息化课程作为必修课程以培养学生的信息技能来适应社会需求。英国的高等教育中存在家校合作，对家长进行培训，选拔教学助手，让家长协助完成课堂教学，从家长的角度去兼顾学生学习的差异性，从而更好地促进学生成长。

加拿大的高等教育中也存在项目化管理型的第二课堂教学，重视学生的职业教育，实践课和理论课的占比是1：3，学校和企业共同搭建对本校学生开放的实践或实习平台，学生通过平台选择自己感兴趣的工作，制作简历投递到实践单位，参与工作实践，丰富自身实践经验。这类实习是具备薪酬的，既能提高学生对实践工作的参与度，也让学生更加明确企业的需求以更好地丰富自我。加拿大的高等教育中也有运动俱乐部和体育运动会，还有以班级课外体育活动的方式举办越野赛或垒球类比赛，并且比赛会征求学生与家长的意见再进行策划。通过这些方式锻炼学生的忍耐力和灵活性，同时也培养学生的集体主义精神。

日本的高等教育中存在以政府牵头的创新创业教育型的第二课堂，搭建政府＋高校＋企业的协同育人框架结构，对大学生创新创业有针对性地引导和支持。日本的高等教育重视学生信息技术培养，将学科知识教育与信息技术培养相结合，并把道德规范融入教育以培养学生的素质。日本的防灾教育内容也十分丰富，分为灾难发生前、灾难发生中和灾难发生后三个不同阶段的教育，通过实地考察，制订防灾计划与方案，增强学生防灾意识和防灾能力。此外，日本还有专门的家校联合会，组织家长开放日或邀请家长来观摩课堂，让家长了解学生的学习情况，并通过组织反馈意见或建议。

与此同时，国外高校十分重视学校的职工队伍建设，职工队伍的师资水平较高能够更好地指导学生参与和完成课外实践活动。国外高等教育中的课外实践活动或非正式课程类也在不断深化和发展之中。从国外高等教育的第二课堂教学的探索与研究中，可以看到以下共同点：活动类型多元化和多样化、多方协同育人、数字化教学资源等。这些共同点可为我国高校的第二课堂建设提供适当的经验启示。

我国高等教育中第二课堂的施行时间较晚，但也历经了以下五个阶段。

（1）第二课堂 0.0 版本——第二课堂的启发。

1950 年，教育部教制定并颁布《关于高等学校政治课教学方针、组织与方法的几项原则》，文件要求将大学生社会实践正式地融入教学中。1954 年，国家体育委员会和高等教育等部门联合出台《关于在中等以上学校开展群众性体育运动的联合指示》，在全国大中专院校中掀起了群众性体育活动的热潮。1958 年，中共中央、国务院在《关于教育工作的指示》中明确要求教育要跟生产劳动相结合。1980 年和 1983 年教育部分别出台通知，都要求加强课外活动，包括讨论会、讲座、征文、演讲比赛、读书活动、社会实践周等活动。以上文件、政策和通知的出台都为第二课堂的萌芽奠定了坚实的基础。

（2）第二课堂 1.0 版本——第二课堂的萌芽。

1983 年，第二课堂的概念在《高等学校管理》一书中被朱九思等人率先提出，该书指出在教学计划以外的有助于学生成长的课外活动就是第二课堂。1984 年，中宣部、教育部发布《关于高等学校学生参加生产劳动的若干规定》，要求各个高校稳步逐渐建立社会实践基地和生产基地。1985 年，改革开放后第一次全国教育工作会议提出，培养高素质人才是教育体制改革的根本目的。1986 年，国家教育委员会发布《关于加强高等学校思想政治教育政治工作的决定》，要求要有跟专业结合的生产劳动和科技服务活动。在此之后，首届"挑战杯"竞赛开始于 1989 年。中国青年志愿者协会成立于 1994 年。《关于开展文化科技卫生"三下乡"活动的通知》在 1996 年出台并从 1997 年实施至今。通过以上文件的颁布可以得知高校第二课堂的雏形从萌芽后在高等教育中不断发展。

（3）第二课堂 2.0 版本——第二课堂的雏形。

1999 年，中共中央、国务院《关于深化教育改革全面推进素质教育的决定》，提出全面推进素质教育以培养适应二十一世纪现代化建设需要的社会主义新人，实施素质教育必须把德育、智育、体育、美育、劳动技术教育和社会实践等相互统一地融入教育活动环节中，促进教育协调发展，让学生全面发展。2002 年发布《关于实施"大学生素质拓展计划"的意见》，首次提出高校"大学生素质拓展计划"并在 63 所高校进行"大学生素质拓展计划"试点，要求围绕创新人才培养目标，提高大学生的思想政治素质、人文素养和科学素质、创新精神和实践能力等综合素质的培养，形成素质教育的整体合力。通过开设各种课外活动和项目，如"科技文化艺术节""社会实践""最佳团日活动""三下乡"及科技创新等活动和项目培养学生的综合素质，完善知识层次和结构，帮助大学生提高竞争力，建立"大学生素质拓展证书"认证标准，加强国家和社会层面对素质拓展教育的认同。素质拓展教育的推广和认证为高校第二课堂成绩单提供了坚实可靠的先行基础。2004 年 10 月 14 日发布《中共中央 国务院关于进一步加强和改进大学生思想政治教育的意见》（以下简称《意见》）。《意见》强调指出，深入开展社会实践、心理健康教育、网络思想政治教育以及加强大学生文化素质教育，开展具备正面价值取向和不同类型的学术项目、科技创新和文娱体育活动，把德育与智育、体育、美育相连接共融于文化活动之中。为贯彻落实《意见》精神，教育部、共青团中央就加强和改进大学生社团工作提出意见，并于 2005 年 1 月 13 日发布《关于加强和改进大学生社团工作的意见》，指出高校学生社团活动是推行素质教育的有效途径和重要方式，要积极支持开展有益身心的高校学生社团活动。2005 年 4 月 8 日，教育部、共青团中央印发《关于进一步加强和改进高等学校共青团建设的意见》，要求加强团员、团干部和基层组织队伍建设，强化高校团组织的教育功能、服务功能和管理功能。同年，教育部和共青团中央等联合发布《关于进一步加强和改进大学生心理健康教育的意见》，明确要加强和改进大学生心理健康教育、做好大学生的心理健康与咨询工作。以上文件的发布与施行都为高校第二课堂的形成奠定了基础，大学生综合素质教育是高校第二课堂的基础版本。

（4）第二课堂 3.0 版本——第二课堂成绩单的试点与推广。

为贯彻落实 2014 年 1 月的中国共产主义青年团第十七届中央委员会第二次全体会议精神，共青团中央探索高校第二课堂综合评价成绩单，并确立为创新试点项目。2017 年，中共中央、国务院印发的《中长期青年发展规划（2016—2025 年）》指出，为了引导学生更好地开阔眼界、加强自身综合素质和加深对社会的认知，要科学合理地设计和践行育人活动，通过高校共青团第二课堂成绩单制度不断地探索实施提高学校育人质量的有效途径。为贯彻落实 2016 年中共中央办公厅印发的《共青团中央改革方案》，同年，共青团中央、教育部印发的《高校共青团"第二课堂成绩单"制度试点工作实施办法》要求不断推动和深化高校共青团改革，将在全国高校中选择部分地区和高校开展 2 个学期的高校共青团第二课堂成绩单制度试点工作，试点课程主要围绕思想成长、实践实习、志愿公益、创新创业、文体活动、工作履历、技能特长共七个方面进行，最后的工作目标形成高校大学生第二课堂成绩单，并在全国高校中逐步稳健地推行高校共青团第二课堂成绩单制度。试点工作给第二课堂成绩单制度在高校的全面推广打下了基础。2017 年发布的《高校思想政治工作质量提升工程实施纲要》要求打造高校"十大"育人体系：统筹推进课程育人、着力加强科研育人、扎实推动实践育人、深入推进文化育人、创新推动网络育人、大力促进心理育人、切实强化管理育人、不断深化服务育人、全面推进资助育人和积极优化组织育人。这给第二课堂成绩单的体系化实施提供了方向和保障。2018 年 7 月正式出台的《关于在高校实施共青团"第二课堂成绩单"制度的意见》明确指出，从 2018 年秋季学期开始要在全国高校推广实施共青团第二课堂成绩单制度，要求参考第一课堂的教学方法和模式，根据学生成长成才的发展需求，充分发挥第二课堂的育人优势，合理设计第二课堂的课程体系。通过多种综合方法客观真实地记录学生参与第二课堂取得的成效，形成学分式的科学认证与评价，建立多方参与且健全完善的检测评估体系，让第二课堂成绩单成为推荐入党、评优评奖和企业单位选才聘任等的科学凭证。

（5）第二课堂 4.0 版本——深化第二课堂的教育体系改革。

2018 年教师节，习近平总书记出席全国教育大会并发表重要讲话，指出要深化教育体制改革，将立德树人融入管理体系、学科体系、教材体系、社会实践等教学的各个环节之中，构建更高水平的教育体系和更完善的人才培养体系。因此，第二课堂也要不断深化教育改革。2019 年，中共中央、国务院印发了《中国教育现代化 2035》，要求加强课程教材体系建设和信息化时代教育变革，而第二课堂在全国实施和推动是从 2018 年秋季学期才开始的，第二课堂的课程教材体系建设较为空缺，第二课堂的课程体系建设也需要加强，第二课堂的未来教学深化改革还应当融入信息化和数字化的教学资源和学生学习评价。2020 年，《中共中央关于制定国民经济和社会发展第十四个五年规划和二〇三五年远景目标的建议》中指明建设高质量教育体系，增强学生的思想责任意识、文明综合素养、实践能力、身体素质和心理健康教育等，要加强产教融合和校企合作等。第二课堂未来应当不断深化教育改革，构建高质量的第二课堂教育体系。

2.2　高校第二课堂概念与内涵

第二课堂在不同的发展时期有不同的概念与内涵，本节将通过第二课堂的三个阶段阐明其概念与内涵，其分别是 1983 年第二课堂在我国第一次被提出时的内涵与概念、2002 年提出《关于实施"大学生素质拓展计划"的意见》后相关学者提出的第二课堂的素质拓展中的概念与内涵、2018 年提出《关于在高校实施共青团"第二课堂成绩单"制度的意见》及系列相关文件中的第二课堂的概念与内涵。

第一阶段：1983 年，由我国教育家朱九思、蔡克勇、姚启和主编的《高等学校管理》认为高校培养和教育学生主要是依靠两大课堂：第一课堂和第二课堂。这两大课堂要相互配合且同时进行。他们还对第一课堂和第二课堂的概念与内涵进行了说明。第一课堂是解决人才培养中的共性和普遍性教学问题，而第二课堂则是解决人才培养中的个性和特殊性教学问题。第一课堂通常是指包括讲课、论文、实验、考试、实习和作业等研究性教学环节和计划。第二课堂通常是包括文娱性质、政治性质、学术性质、公益性质、薪酬性质和知识性质等健康又有意义的课外活动。第二课堂能够增强学生的身体素质和智能素质，锻炼人的大脑记忆能力、想象能力、理解能力和思维能力，培养各种各样的兴趣爱好，提高团队组织能力和合作能力，扩大知识范畴，陶冶情操和建设社会主义精神文明。这是中华人民共和国成立以来第一次提出第二课堂的概念。

第二阶段：2002 年发布了《关于实施"大学生素质拓展计划"的意见》。大学生素质拓展计划是以提高学生的综合素质为目标，通过整合教学计划以外的活动，开展与思想政治与道德修养、社会实践与志愿服务、科技学术与创新创业、文体艺术与身心发展、社团活动与社会工作、技能培训六个方面有关的活动，以更好地指引大学生完善综合素质能力，实现全面地健康成长成才，这也是第二课堂的基本雏形。2006 年，王国辉等出版的《高等教育第二课堂的素质拓展学分化研究》一书将第二课堂的概念定义为：第二课堂是有组织的、有教育内容的课余活动。第二课堂中的有组织是指第二课堂开展的活动应当由学校相关部门、校团委和群团组织根据学校的教学工作实际情况和学生的发展情况来联合制订相应的计划、安排和实施细则，并进行相关活动的组织和开展。第二课堂中的课余活动是指除第一课堂的教学计划以外的教育教学活动，这也是第一课堂和第二课堂的区别所在。第二课堂中的有教育内容是指具有纯教育性质的讲座、社会实践、志愿服务或演讲等兼具教育特性和休闲娱乐性质的活动，如文艺晚会、体育活动或者文娱类的比赛等。其内涵是通过第二课堂，营造学术氛围浓厚、艺术情趣高雅、文化生活丰富和校风学风优良的校园环境，帮助学生树立正确的世界观、人生观、价值观，把广大青年学生培养成为思想道德、综合素养和能力强的专业技术高水平人才。同时，让第二课堂给学校增添生机和活力，提高学校的精神气和办学实力，实现学校人才培养的可持续性协调发展。

第三阶段：2018 年 7 月，共青团中央和教育部印发的《关于在高校实施共青团"第二课堂成绩单"制度的意见》规定全国高校从 2018 年秋季学期开始推广实施第二课堂成绩单制度。实施第二课堂成绩单制度推动了高校团学工作革新的深度化和实效化，是开展思想政治工作的新载体、人才培养体系的新探索、高等教育深化改革的新途径、人才评价方法的新模式，这也是积极贯彻落实《教育部关于全面提高高等教育质量的若干意见》《普通高等学校本科教学工作审核评估方案（2021—2025 年）》《中共中央关于加强和改进党的群团工作意见》和全国高校思想政治工作会议精神、《关于在高校实施共青团"第二课堂成绩单"制度的意见》及共青团中央《高校共青团改革实施方案》等文件和会议精神的迫切需要。第二课堂是指文化、科技、艺术、体育、社会实践、志愿服务、课外实训等第一课堂以外的各类活动，是第一课堂的有机补充。通过客观记录、有效认证、科学评价学生参与第二课堂的经历和成果，形成第二课堂成绩单。各高校在实施建立第二课堂成绩单制度时，需要将第二课堂融入人才培养体系中，发挥高校基层组织的优势，以服务和培养学生为导向，使用好第二课堂的独特性，与第一课堂有机融合共同发挥育人功效。第二课堂在课程体系设计、评价方法和评价记录等方面可借鉴第一课堂的教学模式，采用学分制综合记录和评价学生的第二课堂成绩单，保障第二课堂成绩具备客观性、科学性、写实性、简便性、知识性和育人性。第二课堂围绕思想道德素养、爱国情怀与政治素养、文娱活动和体育项目、科研创新创业项目、学科竞赛、实践活动和志愿服务、就业指导、心理健康等方面展开活动，第二课堂同时也是大学生提高思想品德修养的重要载体，高校还要发挥好第二课的思想育人阵地作用，要在这些活动中融入思政元素，这些活动可能直接影响学生未来的职业选择和发展方向等。保障高校第二课堂成绩单制度的实施，有助于发挥学生在学习上的主观能动性，培养学生的积极性和创造性；有助于提高学生的实际运用能力、创造性思维能力和对知识的拓展和创新能力等非智力因素能力和综合素质能力，培养具有创新精神和实践能力的人才。

通过以上三个阶段，可以得知高等教育中的高校第二课堂的概念与内涵随着时间的推移越来越明确和清晰。而第二课堂成绩单制度在全国范围内的推广、实施和革新，则第二课堂的概念和内涵也会越来越丰富，第二课堂与第一课堂的关系也会产生新的变化，两大课堂相互之间会产生交融点和不同点。在第一课堂和第二课堂发挥协同育人的功效下，高校大学生将会因不断提高自身素养和能力而得到更加全面的发展。

2.3　高校第二课堂的特点

高校课堂由第一课堂和第二课堂共同构筑，两大课堂既有相同点也有不同点，充分发挥各自的特点和优势，能够更好地协同育人。本节将从以服务学生为中心、课内课外协同育人模式、知识性、教育性和价值性、普遍性和专业性、简便多样性、灵活开放性、客观测量性等方面分析高校第二课堂的特点。

2.3.1　以服务学生为中心

第二课堂是以服务学生为中心的，学生是第二课堂中的学习主体。在第二课堂的学习中大多数学习模块不是固定的形式，而是自由选择的形式。学生可以根据自身需求、兴趣爱好和擅长领域自主地选择、计划、安排和学习第二课堂，在主动完成相应的学习内容与活动后，学生将取得与之对应的学分。学生在第二课堂的学习中能够展现自身的个性和特色，充分激发自身的特长和潜力，这种自主性和选择性的学分式学习方法能够最大化地服务学生的发展需求。

2.3.2　课内课外协同育人模式

第二课堂要采用课内课外相结合的协同育人模式进行教学，以劳动教育为例，高校大学生在第二课堂中的劳动教育既需要采用课堂理论教育模式，又需要在课外进行实地劳动，而实地劳动的时间和空间具有较强的自主选择性。这种劳动教育模式借鉴了第一课堂的理论教学模式，又展现了第二课堂的自主选择性和灵活性的优点和特色，通过课内和课外相结合的方式协同育人。此外，第二课堂中有的课程可能会采用第一课堂的课堂教学模式，如"大学生职业发展与就业指导"和"创业基础"等课程，修读完毕会获得相应学分。但如果学生想要进行相关实践，可以选择寒暑假社会实践与调查和大学创新创业项目，完成后也会获得对应的学分。这种模式是课内和课外分开的学习模式，也属于第二课堂的课内课外协同育人模式。课内和课外都应当有指导教师。课内指导教师，如"心理健康课程"应当由专门的教师进行教学指导；课外指导教师，如大学生创新创业项目也应当有指导教师对学生创新创业项目的选题、撰写和申报进行指导和鼓励，给予学生指导的同时也能反馈教师，促进教师教学和科研的进步和提升。此外，学校相关部门在项目立项后给予场地、资金和技术等方面的引导和支持。课内课外育人模式能让理论与实践达成有机统一，第二课堂有助于增强学生的理论性和实践性，让知识转换成实习实践、社会服务和科学研究等方面的动力。

2.3.3　知识性、教育性和价值性

第二课堂的教学应当有知识性、教育性和价值性。第二课堂不同的模块中对学生的教育目标是什么？学生通过第二课堂的不同教育模块能够获取什么样的知识？第二课堂不同的教育模块对学生的人生发展起到什么样的价值和作用？以体育活动类为例，体育活动类以锻炼学生的身体素质、培养学生的体育精神和体育爱好为目标，学生参加体育类活动能够获取体育类知识和充分锻炼身体，体育类活动能让学生激发自身的体能潜能及培养学生的坚韧毅力等。以志愿服务活动为例，志愿服务活动是为了让学生了解志愿服务的知识和志愿服务的方式，锻炼学生的品行和吃苦耐劳的精神，通过志愿服务活动学生能够获得他人的尊重和社会认同感，培养学生的社交能力、服务能力和自我约束能力。因此，第二课堂的不同教育模块让学生获得不同于第一课堂的领域知识、情感需求、社会技能、身心锻炼和人生价值观等，对学生未来人生之路更好地发展，铺垫了基石。

2.3.4　普遍性和专业性

第二课堂的教学与活动应当最大限度对学生进行普遍性教育和专业性教育，如文艺活动、志愿服务、心理健康和体育活动等，这些都属于普遍性教育，几乎在高校的任何专业都能够进行开展，但是学科竞赛、社会实践、创新创业项目和学术科研等不仅要有共性教育，还要增加适当的专业性教育，因为专业和学科不同，学生的实际能力和活动完成度也是不同的。因此，针对不同专业的学生，第二课堂成绩单的考核应当考虑专业特点，在评价体系上适当细化。第二课堂是第一课堂的有机补充和延伸。因为，第二课堂要具备一定的专业性，又不能只具备专业性，所以，第二课堂需要具备普遍和专业性，才能有助于学生的专业提升和全面发展。

2.3.5　简便多样性、灵活开放性、客观测量性

第一，从简便多样性出发，第二课堂的开展形式具备简便性和多样性。第二课堂的内容十分丰富，有体育竞赛、文艺活动、学术科研、创新创业、劳动教育、社会实践和志愿服务等活动。活动开展的形式也是具备多样化，有讲座、竞赛、演讲、表演、项目立项、培训和资格证书等多种方式，这些活动内容和活动形式都具备简便性和可认证性。第二，就灵活开放性而言，第二课堂对本校学生没有参与的限制性，是面向全校学生进行的全面开放活动，学生可以在活动中充分发挥自身的主观能动性，策划与参与第二课堂活动。同时，第二课堂的活动开展时间和空间具备较强的灵活性，可以在校内校外开展，也可以是线上线下开展，这突出了第二课堂教学和活动的灵活性与开放性，也彰显了第二课课堂对学生的个性化培养。第三，在客观测量性方面，第二课堂学分的认证方式具备客观性和可测量性，不同的学习模块拥有不同的学分，认证方式也具有简便

性、客观性和科学性等特征，如活动荣誉认证、比赛获奖认证、资格证书认证、寒暑假实践调查报告认证和相关机构给予的线上课程认证等，这些认证方法让第二课堂成绩单具备了可测量性和客观性，能在评优评奖、推优入党和企业单位选人上提供可靠的参考凭证。

2.4 高校第二课堂的功能性

高校第二课堂成绩单制度在我国高校的全面推广与实施中也带来了很多新变化。第二课堂给高校思想教育提供了新的载体与阵地，这给高校共青团和学生工作带来了新的革新契机，高校课程体系也不再拘泥于第一课堂，开辟了新的教育田地，高校的人才培养也产生了新的思路，同时也让高校的人才评价方式发生了变化。这些变化就是高校第二课堂的功能性表现，它促进了高等教育更深层次地重组和变革。

2.4.1 高校思想教育的新阵地

为落实立德树人的根本任务，就要将思想政治教育融会贯穿于人才培养体系。因此，不仅第一课堂要全面推动课程思政建设，第二课堂的课程和活动也应成为课程思政建设的重要环节，将第二课堂发展为高校育人的思想新阵地。第二课堂的涉及范围广泛，大致从以下几个方面发挥思想育人的功效。第一，从思想素养方面，第二课堂应融入道德情操、典型树德、中华优秀传统文化、仁爱之心等思政元素。第二，从政治觉悟提升方面，第二课堂应当涉及社会主义核心价值观、家国情怀、理想信念、习近平新时代中国特色社会主义思想、民族振兴的责任感和使命感等思政元素。第三，从文艺体育项目方面，第二课堂应当给学生树立正确的艺术观和创作观，弘扬中华美育精神，提高学生的文化艺术审美和人文素养，激发学生的体育竞赛精神，缔造顽强拼搏、奋斗有我的信念，增强学生的文化自信等。第四，从志愿公益服务方面，第二课堂应培养学生的救死扶伤和敢于奉献的精神、大局意识服务意识和绿水青山理念，提高学生人文修养，锤炼学生的意志和品行等。第五，从创造创新角度，要激发学生的创造创新活力，将敢于探索未知和追求真理的创新精神传递给学生，给学生深植勇攀科学高峰的责任感和使命感，培养学生发现问题、分析问题和解决问题的能力等。第六，在实践实习实训方面，引导学生深入社会实践中，学会关注现实和民生问题，让学生通过实习拥要有实际操作能力、理论融入实践的能力和劳动精神等。通过技能特长培训，培养学生的兴趣爱好，激发学生的学习动力，增长学生的智慧才干等。通过第二课堂不同的教学模块，以人才培养为目标，充分发挥第二课堂高校思想教育新阵地作用。

2.4.2 高校团学工作的新变革

共青团中央和教育部要求第二课堂在全国高等院校范围内进行推广和实施，在高校中，高校共青团委员会、学生工作部门、教务处、科研与学科建设处和各高校的二级学院等部门将根据相关文件精神联合打造、实行和推动第二课堂成绩单制度。《关于在高校实施共青团"第二课堂成绩单"制度的意见》明确规定了第二课堂成绩单制度是由高校共青团进行设计和实施，这也是高校共青团进行深化改革的重要举措。因此，校团委、学生处和各二级学院下的团总支和学生工作部门将是第二课堂成绩单设计和实施的主力军。如何做好第二课堂的顶层设计、科学合理地制定第二课堂成绩单制度，如何开展和实施第二课堂和第二课堂成绩单制度，如何让第二课堂真实有力地得到保障等一系列问题，这对高校团委和学生工作部门等部门是一个巨大的挑战。第二课堂将成为变革校团委和学生工作的新抓手，让校团委和学生工作部门等部门加深对学生的引领力和影响力。同时，第二课堂有利于防范和解决校团委和学生工作部门中的"四化"（行政化、机关化、贵族化、娱乐化）危机和问题，这也是一个崭新的变革契机。

2.4.3　高校教育体系的新模式

高校的课程教育体系都离不开两大课堂——第一课堂和第二课堂，其中第二课堂是高校教育体系的新模式，开拓了很多育人新渠道。不同于大多数第一课堂的固定教学模式，第二课堂的教学模式更加灵活多变，覆盖范围也十分广泛，它通过多种方式和多种渠道引领学生全面发展，从不同的角度激发学生的潜在能力、兴趣点和擅长点，拓宽了人才培养的思路。第一课堂是高校教育体系的重中之中和基础之石，第二课堂是对第一课堂的有机补充。但相较第一课堂而言，在第二课堂中学生的自主选择性和个性化学习色彩会更强。无论是第一课堂还是第二课堂，两大课堂都有各自的优势。因此需要将第一课堂与第二课堂有机结合，充分发挥两大课堂的育人功效，以更好地完善高校教育体系，培养更多更高质量人才。

2.4.4　高校人才评价的新方式

高校人才培养体系在不断地深化改革，人才的培养中有一个重要的目标就是培养人才实现高质量就业，第二课堂能够提升学生在就业市场的竞争力，第二课堂成绩单也能够成为就业市场和用人单位选人的重要凭证，第二课程成绩单也就成了高校人才评价的新方式。第二课成绩单还能够在学生参与评优评奖和推优入党时成为重要的参考和评价依据。此外，第二课堂的评价体系不同于第一课堂的评价体系，课堂表现、作业和考试成绩等不是第二课堂成绩评判的主要标准和方法，第二课堂成绩单的评价方式更加动态化和多级多层次化，有时甚至存在多方参与评价的现象，第二课堂成绩单还可以使用大数据和互联网对学生进行数字化评价。随着时间的推移，第二课堂在实施过程中也会不断总结与完善，第二课堂成绩单制度将会有更加健全的评价标准与体系。因此，第二课堂成绩单是高校人才培养评价的新方式。

2.5　高校第二课堂现状分析

第二课堂成绩单制度是 2018 年才开始在全国高校范围内推广和实施的，全面贯彻落实和做好第二课堂成绩单制度还面临比较严峻的挑战，部分高校根据人才培养特点制定了相对比较适宜的第二课堂成绩单制度，多数高校的第二课堂成绩单制度尚且处于早期的探索阶段和实施阶段，且在实施的过程中不断地修正和完善，加上对第二课堂的建设缺乏经验，因此高校第二课堂还存在不足之处。

2.5.1　高校对第二课堂的重视程度不够

由于高校对第二课堂的重视程度不够，导致出现以下现象：一是对第二课堂的政策宣讲不够，很多教师都听到过第二课堂，但是真正谈及第二课堂的源头、作用、实施制度与内容时却了解甚少，还有小部分教师几乎完全不知道第二课堂是什么。二是对第二课堂的统一规划性较为缺乏，甚至上级部门对第一课堂和第二课堂没有统一的规划和指导，因此第二课堂基本上是在第一课堂内容完成后才去实施的课堂。三是对于学生而言，第一课堂几乎没有减少任何时间，第二课堂是新增的课堂，需要占用他们额外的时间去完成，第一课堂和第二课堂层层叠加导致学生感觉课程任务重，有时甚至会出现第一课堂和第二课堂在时间上的冲突，让学生不得不放弃其中一方，两大课堂没有有机的统一与结合，给学生增加了学业负担，打击了学生的学习积极性。四是对于高校的校团委和学工部门而言，第二课堂及第二课堂成绩单制度是一个全新的课堂和概念，共青团和学生工作部门在这方面缺乏经验，导致其统一性、规划性和实施性不强或者后续实施过程中存在管理和监督不足等问题，其他部门对于第二课堂的支持和重视力度严重不够，使第二课堂的推动和实施存在诸多问题。这一系列问题对极小部分自觉性不强的学生或者要在大三年级和大四年级完成所有学分修读的学生而言，能够顺利毕业将是一个挑战。

2.5.2　高校对第二课堂的建设不足

由于很多高校的教学设施、场地、师资和经费等方面的投入比例较低，且大多以第一课堂为主，因此第二课堂处于比较边缘的地位。第二课堂建设不足主要表现在以下几个方面：第一，第二课堂缺乏理论指导，统一的第二课堂建设指导书或教材较为匮乏，抑或第二课堂的不同活动模块下的课堂或活动指导也不成体系，因此，第二课堂的建设缺乏理论指导的规划性和统一性。第二，师资力量匮乏，第二课堂活动类型多样化和广泛化，仅仅依靠高校校团委和学工部门发挥主要课堂建设作用是不够的，但落实到二级学院时，又主要依靠专职辅导员进行推动和实施，专业教师参与度较低，导致第二课堂涉及专业化指导时，有时会陷入无专人指点的尴尬局面，第二课堂的师资力量严重不足，导致学生对第二课堂的重视和认识不足，限制了学生的个性化发展，影响了第二课堂的整体实用性和教育性。第三，第二课堂存在经费和使用场地严重不足，第二课堂的经费少是指在教师的绩效性奖励中相较第一课堂而言。第二课堂课时或者活动指导经费占比较低，导致大多数教师参与第二课堂建设的积极性较低。第二课堂开展活动需要一定的经费和场地支持，二级学院的第二课堂开展的活动面向的是二级学院的全部学生，当活动规模较大时，甚至面向的是全校的学生，第二课堂活动经费较为不足，甚至是在经费上缺乏专款专项的划拨，以及活动开展能使用的学校场地面积也比较有限，再加上新型冠状病毒肺炎疫情的影响，很多时候学生无法在校外展开和参加活动。人力、物力和财力的投入比例较低易导致第二课堂的建设不足。

2.5.3　高校对第二课堂成绩单制度的设计缺乏合理性和科学性

由于第二课堂成绩单制度是一个崭新的教育教学制度，因此，早期设计上会存在一定的不合理和不科学之处。比如，部分高校存在第二课堂成绩单制度中的认证活动内容并没有开展过的现象或者修读环节的设计存在严重不合理、不合实际的现象，以第二课堂中将志愿活动环节设置成必修环节为例，这一环节需要学生开展校外志愿活动来完成相应学分修读，而新型冠状病毒肺炎疫情防控期间对学生外出管理非常严格，同时校内志愿活动较少，名额非常有限，每次出现志愿活动时学生会争抢名额，导致部分学生无法完成志愿活动的必修环节以获得相应的学分。第二课堂的有些课程内容或活动的随意性较强，多部门都在力争百花齐放，开展各式各样的活动，然而绝大多数情况下活动的内容或类型高度重合、相似且毫无新意，活动不具备特色或精品化，活动质量不高且强制性要求二级学院派送学生参加，导致学生疲惫不堪，教育活动效果流于表面。第二课堂的课程或者活动开展时管理性和监督性不强，第二课堂的教学或者活动形式化，教学效果不理想。比如，很多高校对第一课堂有校级和院级教学督导，并要求学校领导和教师每学期参与第一课堂的听课并进行评价。但对第二课堂的课程和活动指导的领导和教师绝大多数都是隶属于学工部门，学工部门对课堂建设的经验性不足，导致第二课堂成绩单制度管理和内容上存在的不足之处较多，最终让第二课堂成绩单制度的设计缺乏合理性和科学性。

2.6　高校第二课堂的教育体系

制定和实施好高校第二课堂的教育体系能够更好地推动第二课堂成绩单制度的落实工作，本节将以应用型本科院校——某高校的第二课堂成绩单制度为例，从保障体系、内容体系和评价体系来讲解高校第二课堂的教育体系构成，包括但不限于总则、制度保障、组织机构及职能、经费管理、第二课堂内容与评价、第二课堂成绩单学分计算办法等，从而为其他高校第二课堂的实施提供一定的借鉴与参考。

2.6.1　保障体系

2.6.1.1　总则与制度保障

为积极贯彻落实《教育部关于全面提高高等教育质量的若干意见》《普通高等学校本科教学工作审核评估方案（2021—2025 年）》《中共中央关于加强和改进党的群团工作意见》和全国高校思想政治工作会议精神，进一步强化第二课堂在人才培养中的重要作用，协同推进第一课堂和第二课堂的互融、互动、互补、互促，构建"价值塑造、人格养成、能力培养、知识探究"的创新人才培养体系，促进大学生全面发展。第二课堂指文化、科技、艺术、体育、社会实践、志愿服务、课外实训等各类课外活动，作为第一课堂的有机补充，通过客观记录、有效认证、科学评价学生参与第二课堂的经历和成果，促进第二课堂成绩单成为学校人才培养评估、学生综合素质评价、企业单位选人用人的重要依据和培养创新型应用人才的有力保障。为保障第二课堂与第一课堂的有机融合，各二级学院根据第二课堂成绩单制度的意见制订第二课堂活动实施方案并纳入人才培养方案，明确所在二级学院第二课堂的活动内容、活动安排和指导教师，按专业分期列出学生参加第二课堂活动的计划，并采取切实有效的措施认真组织实施和考核。各二级学院按专业制订第二课堂成绩单实施方案，并上报校团委，由校团委组织校内专家对方案进行审核。本科生按照要求完成第二课堂规定学分方能毕业。专科学生、专升本学生比照本科适当调减执行，具体要求见后面章节。第一课堂和第二课堂成绩单一并装入毕业生档案。

第二课堂成绩单制度管理实施办法需要制定相关制度以保障第二课堂的顺利实行，制度保障中应包括组织机构保障、经费保障、第二课堂项目内容及实施办法、评价和认定体系含第二课堂成绩单学分计算办法等。

2.6.1.2　组织机构保障

为保障工作的专业化、规范化、科学化，成立第二课堂成绩单制度领导小组，分管校团委工作的副书记和分管教学的副校长任组长、校团委负责人、教务处负责人为副组长，成员包括科研与学科建设处、学生工作部（处）、招生就业处、后勤管理处、各二级学院党政主要负责人，统筹开展学校第二课堂工作。

第二课堂成绩单制度领导小组办公室设在校团委，具体负责第二课堂项目的统筹、审定、指导、答疑。各二级学院第二课堂成绩单制度工作小组由党政负责人为组长、分管学生工作的副书记和分管教学的副院长为副组长，团总支书记、辅导员及班主任等组成工作小组。具体负责本学院第二课堂成绩单方案的制订和实施，包括"基础类模块""发展类模块"和"提高类模块"的学分认定。第二课堂成绩单制度领导小组工作分工如下。

校团委：平台建设、规范制度、课堂设计、活动立项等，统筹校级及以上活动审核认定，在二级学院初审的基础上最终审核各第二课堂学分，最终形成与第一课堂接轨的学生第二课堂的完整学分成绩单。

教务处：将校团委规定的第二课堂必修最低学分纳入专业人才培养方案，在毕业审核时，依据校团委提供的学生第二课堂成绩单审核结果，完成学生的毕业审核。负责创业基础课的开设及考核工作。

科研与学科建设处：负责科研项目的认定、学术讲座的发布。

学生工作部：负责大学生心理健康教育课程的开设、活动设计及学分认定，将每一个学生的第二课堂成绩单装入学生个人档案中。

招生就业处：负责大学生职业发展与就业指导课程的开设及学分认定。

后勤管理处：负责劳动教育的物资提供和场地安排等相关工作。

各二级学院：根据学校人才培养方案的要求及本学院的专业特色，分专业制订本学院的第二课堂成绩单实施方案，对本学院的第二课堂项目的申报与发布，严格把关，规范工作，从基层保障对所有大学生第二课堂活动的监督和考核。按照要求对本学院学生第二课堂成绩单活动项目的立项，初步审核和认定，保证真实记录、反馈结果。对未按学期计划达到修读学分的学生，给予警示提醒。

2.6.1.3　经费保障

第二课堂的经费实行"扶持重点、专款专用、合理开支"的原则，其中七大类别的专业品牌活动经费由相应的负责单位列入年度经费预算，学校审核批准后将经费划拨到相关单位。第二课堂的经费主要用于材料及器件费、资料费、评审费、报名费、差旅费、教师酬金及宣传费等。学校鼓励各学院投入配套资金或者寻求企业和单位赞助，增加对第二课堂的支持力度。教师承担的第二课堂的教学任务和指导任务，纳入工作量计算；教师承担的有专项经费支持的其他第二课堂活动，由专项经费支付酬金，不另行计算工作量。

2.6.2　内容体系

根据相关文件精神，第二课堂的内容体系按照类别设置三大模块：一是基础类模块，二是发展类模块，三是提高类模块。基础类模块包括思想政治与道德修养类、心理素质与身体素质类、社会实践与志愿服务类，发展类模块包括文化沟通与交往能力类、社会工作与领导能力类，提高类模块包括学术科技与创新创业类、艺术体验与审美道德修养类。基础类模块侧重培养学生基础能力，发展类模块侧重培养学生发展能力，提高类模块侧重培养学生创新创业能力、个性特长等社会竞争能力。第二课堂的项目分成校级项目和院级项目两个层次：校级项目主要是面向全校大学生开设，重在提升学生基本综合素质；院级项目主要面向本院学生，结合学院专业特色开展特色活动，重在提升学生专业实践能力。第二课堂的三大模块中的主要内容设置如下：

（1）思想政治与道德素养类项目。

开设关于理想信念教育、爱国主义教育和思想道德建设等方面的项目，主要记载大学生参加党校、青马工程培训和思想引领类活动等经历，以及获得的相关荣誉。

（2）心理素质与身体素质类项目。

开设关于心理健康教育、情感情绪管理和身体素质训练、劳动教育等方面的项目，主要记载大学生参与心理、情感、体育、劳动类活动等经历，以及获得的相关荣誉。

（3）社会实践与志愿服务类项目。

开设关于社会责任感和感恩奉献等方面的项目，主要记载大学生参与"三下乡"社会实践和各类志愿服务等活动经历，以及获得的相关荣誉。

（4）文化沟通与交往能力类项目。

开设关于语言表达、团队合作和跨文化交流等方面的项目，主要记载大学生参与团队训练、演讲、辩论和跨文化交流活动等经历，以及获得的相关荣誉。

（5）社会工作与领导能力类项目。

开设关于自我管理与提升、领导力培养等方面的项目，主要记载大学生参加校内各种党团学组织工作任职履历、在校外的社会工作履历等经历，以及获得的相关荣誉。

（6）学术科技与创新创业类项目。

开设关于专业基础能力测试，专业学术、科学研究和创新创业教育等方面的项目，主要记载大学生参加学科竞赛、科技竞赛和创新创业类活动等经历，以及获得的相关荣誉。

（7）艺术体验与审美修养类项目。

开设关于通识教育、艺术素养教育和精品文学鉴赏等方面的项目，主要记载大学生参与文学、艺术和人文素养类活动等经历，以及获得的相关荣誉。

2.6.3 评价体系

第二课堂的评价体系要采用记录式、学分式和综合式的评价方式，因而将评价体系设置如下：第二课堂成绩单制度的项目板块及其最低学分构成为思想政治与道德修养 3 学分，心理素质与身体素质 3 学分，社会实践与志愿服务 6 学分，文化沟通与交往能力、社会工作与领导能力、学术科技与创新创业、艺术体验与审美修养四类共 8 学分，共计 20 学分（表 2.1）。本科生在完成第一课堂学习要求的基础上，至少修满第二课堂成绩单 20 学分方可毕业。专科生修满 15 学分、专升本学生修满 4 学分即可毕业。其中，专科生和专升本学生不限制项目的最低修读学分，累计达到即可。

表 2.1 本科生第二课堂成绩单制度的项目类别及其最低学分构成

类别	思想政治与道德修养	心理素质与身体素质	社会实践与志愿服务	文化沟通与交往能力、社会工作与领导能力、学术科技与创新企业、艺术体验与审美修养
最低学分	3	3	6	8

学生参加了思想政治与道德修养、心理素质与身体素质、社会实践与志愿服务、文化沟通与交往能力、社会工作与领导能力、学术科技与创新创业、艺术体验与审美修养七个类别的活动后，自行到平台登记。登记后，活动负责教师必须在一周内完成初步认定工作。学生应如实记录参加第二课堂的活动情况，申请材料必须可靠真实，弄虚作假者取消所获得的相应学分，以"作弊"论处。因第二课堂活动组织部门及相关教师管理不严，造成不良影响的，将予以通报批评；认定的学分违背规定，与实际不符，要重新认定，认定违规问题严重的，按相关规定处理。

第二课堂的活动学分坚持分级分类认定原则。非毕业班学生的成绩以学期为认定期限，新学期开学两周内完成认定、审核、公示、备案。本科毕业班学生须在前七学期内修满 20 个学分，专科生于前五期内修满 15 个学分，二级学院于毕业班第二学期开学两周内完成认定、审核、公示、备案。符合毕业条件的，由校团委最终审核后在第二课堂成绩单上盖章，并将其装入档案；不符合毕业条件的，按照学校学籍管理规定处理，延期毕业。第二课堂成绩单学分计算办法见表 2.2。

表 2.2 第二课堂成绩单学分计算办法（本设计仅供参考）

学分模块	项 目	模块内容	学分标准	备 注
基础类模块	思想政治与道德修养类（最低修读学分为3学分）	＊1. 新生入学教育	参加并通过测试获1学分	
		2. 党校、团校学习，青马工程、大学生骨干培训经历等	校级培训学习合格得2学分，评为优秀加1学分。省级、国家级大学生骨干培训合格得4学分，评为优秀加2学分	
		3. 参加主题为思想引领类活动的经历及获得相关荣誉	参加人员得1学分，获得校级奖励得1学分，获得省级、国家级表彰分别得3学分、5学分	具体活动见校团委通知
		4. 团组织生活	每学年按时过好团组织生活得1学分	
	心理素质与身体素质类（最低修读学分为3学分）	＊5. 大学生心理健康教育	参加课程学习并完成测试得1学分	
		＊6. 大学生劳动教育	完成得2学分	各二级学院根据自身专业特色自主制订计划
		7. 大学生体育类活动	参加大学生体育竞赛得1学分，获得校级奖励加1学分，获得省级、国家级奖励加3学分、5学分	此项活动主要针对非体育专业的学生。体育专业的学生按照学科竞赛加学分
		8. 禁毒、防艾教育	完成得1学分	
	社会实践与志愿服务类（最低修读学分为6学分）	＊9. 寒暑假社会实践调查	每年参与调查并完成报告得1学分	
		10. 暑期"三下乡"活动	参加校院两级"三下乡"活动可得1学分/次	
		11. 社会实践相关荣誉	获得校级、省级、国家级社会实践相关集体（个人）荣誉分别得1、2、3学分	
		＊12. 志愿公益活动	参加院级、校级组织的志愿公益活动，每参加两次得1学分。参加省级、国家级志愿服务活动每参加一次得1、2学分	
		13. 志愿公益活动相关荣誉	校级、省级、国家级优秀志愿者分别得1、2、3学分	

学分模块	项目	模块内容	学分标准	备注
发展类模块	文化沟通与交往能力类	14. 参加团队训练	参加校级、省级、国家级团队训练每次得1、2、4学分	
		*15. "大学生职业发展与就业指导"课程	顺利完成学习得2学分	
		16. 参加演讲、辩论比赛相关荣誉	参加者可得1学分，获得校级、省级、国家级荣誉再加1、2、3学分	
		17. 参加跨文化交流活动	参加跨文化交流活动每次得1学分	
	社会工作与领导能力类	18. 学生干部	学生干部按照3个梯次，经考核合格，校级、院级、班级学生干部分别得3、2、1学分	
		19. 优秀团员、优秀团干、三好学生、优秀学生干部、社会工作相关荣誉	校级、省级、国家级分别得1、2、3学分	
		20. 优秀共产党员、最美新青年、大学生自强之星	校级、省级、国家级分别得1、2、3学分	
		21. 职业资格、技能培训	职业资格证书高级、中级、初级和技能培训国家级、省级分别可获得2学分、1学分	以二级学院对证书认证结果为准
提高类模块	学术科技与创新创业类	*22. "创业基础"课程	完成学习可得2学分	
		*23. 专业基础能力测试	完成可获得2学分	由各二级学院根据专业特色制订本专业的专业基础能力测试，可以是活动、竞赛等形式
		24. 科技创新项目研究	国家级负责人可得8学分，合作者（第一、第二、第三、第四）分别可得（7、6.5、6、5.5）学分。省部级负责人可得6学分，合作者（第一、第二、第三、第四）分别可得（5、4.5、4、3.5）学分	

学分模块	项 目	模块内容	学分标准	备 注
提高类模块	学术科技与创新企业类	25. 发表科研论文	在核心期刊发表，独立完成可得 6 学分，第一作者可得 5 学分，合作者（第一、第二、第三）分别可得（4、3.5、3）学分。在一般刊物发表，独立完成可得 3 学分，第一作者可得 2 学分，第二作者可得 1 学分	
		26. 学科竞赛获奖	参加者得 1 学分，获得国家级一、二、三等奖分别可再得 8、7、6 学分。省级一、二、三等奖分别可得 4、3、2 学分。校级竞赛获奖可再加 1 学分	
		27. 学生的发明创造	获得一定级别的奖励，其可得学分与参加的科技竞赛获奖相同。对于没有获得奖励，但实用性较强，有一定开发价值的发明创造，可得1～4学分	
		28. 学术讲座类	每听 4 次学术讲座可得 1 学分	
	艺术体验与审美修养类	29. 艺术教育类	参加校院两级大学生艺术团并完成相应课程学习及活动可以获得 1 学分	校级大学生艺术团的课程已经纳入全校通识教育课程模块，所得学分为第一课堂学分，不再算第二课堂学分
		30. 参加大学生艺术展演活动	参加大学生艺术展演活动每人可得 1 学分，获得省级一、二、三等奖再加 4、3、2 学分，获得国家一、二、三等奖再加 8、7、6 学分	
		31. 其他文化艺术活动	参加校院两级文艺活动可得 1 学分，获奖再加 1 学分	
		32. 大学生素质培训班	每参加 1 门大学生素质培训班的课程学习并顺利结业可获得 1 学分	由校团委每学期发布开班的内容和数量，学生可自愿报名参加，不收取费用

注：其中"＊"号为板块内必修课程，其他为参考项目，各二级学院可根据参考项目和自身的专业特色分专业制订第二课堂成绩单实施方案。

表2.3 第二课堂学分申请表（本设计仅供参考）

申请人		班级		学号	
专业		所需学分		申请学分	

申请依据（申请学分理由、所附支撑材料名称）：

我想申请的有：

一、思想政治与道德修养

1. 新生入学教育（1学分）

2. 团组织生活（1学分）

……

二、心理素质与身体素质类

……（×学分）

……（×学分）

三、社会实践与志愿服务类

参加志愿公益活动（两次1学分，可累加）

××年××月××日××（国家/学校/学院）级组织"活动名称"志愿公益活动。

××年××月××日××（国家/学校/学院）级组织"活动名称"志愿公益活动。

……

四、社会工作与领导能力类

……（×学分）

……（×学分）

申请人签名：

年　　月　　日

材料真实性的审核	班主任签名： 年　　月　　日

核准学分	
专业教研室审核意见	教研室主任签名： 　年　月　日

学院（第二课堂实施工作小组）审批意见：

负责人签名：　　　　　　　　　　　　　　　　　　　单位公章

　　　　　　　　　　　　　　　　　　　　　　　　　年　　月　　日

注：支撑材料放于申请表最后并单独成页。

第3章　第二课堂的基础类模块

3.1　思想政治与道德素养类

本节主要内容为新生入学教育、党校团校学习、青马工程、大学生骨干培训、思想引领类活动和团组织生活等，思想政治与道德修养类模块最低修读学分为3学分，其中新生入学教育为必修环节，其他为选修环节，思想政治与道德修养类模块具体课程设置如下。

3.1.1　新生入学教育

3.1.1.1　高校新生入学教育概述

高校新生入学教育是高校思想政治工作的重要内容，也是落实立德树人根本任务的有效举措。新生入学教育作为高校思想政治教育的起点，不仅为新生今后的发展指明了方向，也为大学生思想政治教育的开展奠定了基础。高校新生入学教育的对象为大学本科大一年级学生。根据《现代汉语词典》（第7版）的释义，高校即高等学校，是"大学、专门学院和专科学校的统称"，新生指"新入学的学生"，高校新生即新进入高校学习的学生。通常高校新生泛指大一年级学生，不涉及其他年级学生；同时，研究生新生已接受过大学本科入学教育，但教育模式有所不同，故不在此范围内；而专门学院、专科学校与本科院校在修学年限、培养模式、课程设置等方面具有较大差别。综合以上内容，本章将入学教育的培养对象界定为大学本科大一年级学生。随着现代信息技术在教育教学中的普及应用，许多学习内容能通过网络教学来实现，加之，新型冠状病毒肺炎疫情的影响使网络教学在高校的使用率有所提高。因此，新生入学教育模式，从教育主体结构上分为学校教育、学院教育、班级教育三个层级；从学习方式上表现为线上学习与线下学习相结合、集中教育与分散教育相结合、主题教育与专业教育相结合的方式，采用新生自学、专题报告、专家讲座、测试等形式。全国高校对新生入学教育的时间起点时长没有统一的安排。从四川省众多高校的新生入学教育来看，广义上的入学教育从录取通知发放开始，整个入学教育时间段分为入学前教育和入学后教育，时间延续3~4个月。狭义上的入学教育即从新生报道开始，时间延续2~3个月，也有部分学校会延续一个学期。

3.1.1.2　高校新生入学教育的考核设置

高校新生入学教育是指高校根据新生特点和教育要求，对学生进行大学生活适应性的教育，使新生尽快了解大学的学习生活要求和变化，帮助新生适应大学生活，实现从高中生到大学生的角色转变，培养其自我管理、自我约束的能力。高校新生入学教育是高校教育环节的开端，也是大学生思想政治教育的重要内容和重要形式。根据第二课堂成绩单学分计算办法，新生入学教育考核通过获得 1 学分，其中全程参与线上线下学习获得 0.5 学分，通过新生入学考试获得 0.5 学分。

3.1.1.3 高校新生入学教育的案例分析

案例分析一：高校新生和入学教育的特点。

（1）高校新生的特点。

高校新生入学教育的对象普遍为"00 后"大一年级学生，新生年龄在 18～20 岁，心理和生理发展都趋于成熟，在思想、心理、学习等方面都有自身的特点，但步入大学后，新环境的变化使原有的平衡机制被打破，新旧生活学习模式的交织使新生在思想、心理、学习等方面具有区别于其他年级学生的特点。

思想上，"00 后"大学生是随着改革开放和市场经济发展而成长起来的一代，信息化、全球化的快速发展，使他们能通过多种渠道了解国内外形势和社会信息，多元文化的影响使他们眼界开阔，思维开放，容易接受新事物，同时也使他们更容易受到西方思想文化的影响和冲击。此外，高中相对紧张和封闭的生活环境使新生缺乏实践机会，思想容易脱离实际，对思想的好坏缺乏判断力。因此，需要高校加强思想政治教育，引导新生树立正确的世界观、人生观、价值观，为其自身的发展打下坚实的思想基础。

心理上，"00 后"新生步入大学后，新环境的变化使原有的平衡机制被打破，新的平衡机制尚未完全建立起来，因此极易引发心理上的问题。同时，大学校园里陌生的环境使新生迫切地想寻找新的伙伴，但由于"00 后"新生大部分是独生子女，在家庭的呵护下长大，自我意识较强，因此新生之间交往需要一个磨合期。这种变化和矛盾的状态往往会使学生产生较大心理波动，易产生失落感和焦虑感。

学习上，相较于高中阶段的课程，大学课程量更多、理论课内容更抽象、课程进度更快，因此，存在部分新生跟不上学习进度的情况。同时，新生在初高中阶段主要以学习为主，综合素质的培养有所欠缺，不利于学生的全面发展。因此，需要引导他们对学习时间做好科学规划和管理，培养学生自主学习能力，引导新生多参与社团招新、社会实践等，强化自身素质教育。

（2）入学教育的特点。

入学教育的根本目的是引导学生尽快适应大学生活，实现角色转变，为大学生以后的学习发展打下基础。因此，了解入学教育的特点是有效开展入学教育的前提。

在基础性方面，高校新生入学教育的内容包罗万象，涵盖新生学习、生活、道德等方方面面的内容，涉及思想政治、心理健康、学习方法、人际关系等实用型和基础型教育。高校新生入学教育是新生在大学的"第一节课"，直接关系到学生能否顺利实现角色转化和适应大学生活。因此，有效开展"第一节课"能为学生成长成才打下良好的基础。

在引导性方面，新生对于大学的生活环境、文化精神、学习方式、人际交往等还相对比较陌生，一时间会产生许多困扰。因此，需要加强对新生各方面的引导，使其适应大学生活，而新生入学教育的引导性特征则在此显得尤为明显。

在规范性方面，高校通过入学教育，让新生认识了解一些硬性规定，如国家的法律法规、学校的规章管理条例、大学生守则等，帮助学生树立规范意识，使学生在入学阶段就树立规范意识和纪律意识，并在大学期间不断完善和巩固。

案例分析二：高校新生入学教育。

新生入学教育内容繁多且涉及学生专业知识的阐释。因此，本章以材料与化工专业的学生为例，从学校、学院、班级三个层级阐述新生入学教育的具体内容。学校教育主要起到打头阵和提纲挈领的作用；学院教育则注重专业知识背景、专业发展方向、学习方法等内容；班级教育则是新生入学教育的最后"一公里"，是促进新生角色转化的重要力量。

（1）学校入学教育。

学校是整个新生入学教育活动的统筹者，对全体新生进行整体性、系统性教育。从发放通知书到开学报到的这段时间是促进新生从高中过渡到大学生的重要时间段。因此，学校在开学前通过线上平台开展新生入学教育有事半功倍的效果。

①开放易班平台迎新，在易班平台上前置新生入学教育的内容。

A. 通过易班平台加强新生理想信念教育，使学生了解社会主义核心价值观的含义和基本要求，使其成为一名有理想、有道德、有文化、有纪律的社会主义新人；加强校史、校情、院情教育，使新生了解学校发展历史和校情，激发学生的爱校荣校意识。

B. 学习学校的各项规章制度，让学生熟悉、了解学校相关规章制度，帮助学生树立正确的学习态度、养成良好学风；开展安全教育，加强学生在网络安全、卫生安全的意识。

C. 开展心理健康教育，使学生了解基本的心理健康知识，为新生进入大学生活做好心理准备。

D. 开展禁毒教育，使学生自觉树立珍爱生命、远离毒品的意识。

②统筹建立新生群。

各学院的专业教师及高年级学生通过新生群提前向新生介绍学校及专业相关知识，引导大一年级学生尽早了解大学生活。其中高年级学生加入新生入学教育，有助于发挥朋辈力量，能深化与新生之间的交流，了解新生的真实需求和期盼，为开学后新生入学教育的针对性打好基础。

（2）院级入学教育。

学院是新生未来学习生活的主体场所，因此，学院的入学教育对学生未来的专业发展、职业规划有着重要影响。由于材料与化工专业培养的学生更多的是走上实操性岗位，因此，学院在入学教育阶段应向学生普及专业设置、专业应用、就业方向等专业知识，为以后培养创新型应用型人才夯实理论基础。院情教育是新生认识并接纳学院的基础。学院的发展历程、学院文化是为了让学生熟悉了解学院的发展情况，认同学院文化，培养学生热爱学院的意识；学院的师资情况、专业设置、课程设置、就业状况等教育是让学生了解专业现状和发展前景，引导学生做好学习规划和目标。对于刚入校的大学新生来说，他们对专业的认识仅仅停留在名称上，对专业缺乏全面深刻的认识，因此对新生进行专业知识教育，显得尤为重要。专业知识教育主要是向新生介绍本专业主要的学习内容、专业前沿、专业应用、未来就业领域及培养目标，帮助学生稳定专业思想，树立专业学习信心，培养学习兴趣，激发学习动机，进而合理安排自己的学习任务，为自己今后的奋斗目标打下坚实的基础。加强选课指导，明确需要完成的学习任务、毕业和获得学位证需要满足的条件等，引导新生有计划、有方向地展开学习。

以材料与化学类专业的专业知识教育为例，具体内容如下：

①专业简介。材料与化学专业是应用型本科专业，主干学科是材料科学与化学，涉及物理学、热力学、材料化学、冶金学、电化学等方面知识，主要有无机化学、分析化学、有机化学、物理化学、高分子化学、高分子物理、材料科学基础、材料结构与性能等课程。

②培养目标。材料与化学专业以高分子材料的合成与应用为方向，旨在培养适应材料行业，培养德、智、体、美、劳全面发展，具有高度的社会责任感和良好的科学文化素养，具备坚实的自然科学、材料科学与工程学知识基础，掌握材料的合成与制备、分析与检测等方面的理论知识与基本技能，经过较强的工程实践和技术创新训练，具有创新创业意识和实践能力，能够在材料、化工、冶金和轻工等行业领域胜任科学研究、质量检验、技术开发与设计、生产和经营管理等工作的应用工程技术人才。

③学制与修读年限。本专业标准学制4年，在校学习年限4~6年。

（3）班级教育。

班级教育则是新生入学教育的"最后一公里"，更是促进新生角色转化的重要力量。《高等学校辅导员职业能力标准（暂行）》中明确规定，"开展新生入学教育"是学生日常事务管理的重要内容，辅导员是与新生联系最紧密的管理者和引导者，也是高校思想政治教育的重要力量。因此，辅导员在班级入学教育中扮演者重要角色。根据学生特点和教育目的班级教育分为班情介绍、角色转化引导和日常教育管理三个部分。

首先，班情介绍本部分主要阐述班级情况介绍。班级是众多新生组成的集合体，通过班情介绍有利于消除新生彼此之间的陌生感。班情介绍主要包括学生人数、男女比例、寝室安排、户籍地等基本信息。通过班级基本信息的介绍起到一个新生与新生之间的"破冰"作用，为以后培养学生集体意识、团结意识起到铺垫作用。

其次，角色转化引导。新生从高中生成为大一年级学生，各方面的变化使许多学生对未来没有清晰的认识和明确的目标，因此需要进行角色转化指导。先让新生明白大学是培养高素质人才的地方，也是他们追逐梦想的地方，但大学在学习内容、学习方法、培养目标方面都有别于高中，因此要更新观念，合理利用和安排时间，主动实现角色转化。同时，大学培养的是德智体美劳全面发展的人才，除日常学习外，还需要引导学生积极参加各类校、院、班组织的各类活动，提高自身综合素质。

最后，日常教育管理。其具体内容如下：

①学籍管理教育（注册、请假、选课、考试、补考、重修、实习、论文、毕业证、学位证等）。

②安全教育。A. 寝室安全。学生不得在寝室内存放、使用违规电器和管制刀具，晚寝时不得迟归，更不能夜不归宿，不得在校内外租房居住。B. 四禁教育。禁酗酒、禁传销、禁毒、禁下河（江、湖）游泳。C. 防诈骗。特别注意网络诈骗、兼职诈骗和

家教诈骗。D. 饮食安全、交通安全。E. 实验室器械、材料使用安全。

③纪律教育。向新生介绍基本的法律知识和学校的校纪校规，并通过讲解身边的违纪事件的让新生引以为戒，形成深刻影响，在日后的大学学习生活中尽量避免此类事件的发生。

④心理健康适应教育。身份和环境的变化极易让新生产生茫然无措的低落情绪，因此，应对新生的心理进行全面的普查，建立心理健康档案，重点关注心理上存在明显负面情绪、家庭经济困难或有其他特殊困难的新生，对心理状况有明显问题的新生，辅导员应及时回访，引导新生以良好的心态面对崭新的学习、生活环境和人际关系，积极面对可能出现的各种困难。

⑤学生资助及评优评奖。向学生普及大学生资助及评优评奖的项目类别、评定要求、评定时间等，为家庭经济困难的新生减轻负担，同时开展激励教育和感恩教育，培养新生积极进取，促进学生成长成才。通过新生入学教育考试，对入学教育的效果进行监测和反馈，有利于后期查漏补缺，开展有针对性的教育。

3.1.1.4 高校新生入学教育的意义

新生入学教育是大学教育的起点，是大学生涯的第一课，是学校教育的重要环节，在大学生成长、成才的过程中发挥着重要的"导航"作用。因此，做好新生入学教育对学生未来的发展有重要意义。

（1）完善高校人才培养的起始环节。

高校人才培养应当贯穿大学生在校期间的全过程，新生入学教育作为高校人才培养的起始环节，在高校培养体系中具有举足轻重的作用，入学教育开展的效果会直接影响新生后期的课程学习和大学生活新生入学教育，促进新生由高中生向大学生的角色转化以适应新环境，为今后学习生活做好准备。

（2）奠定大学生思想政治教育基础。

高校作为我国人才的培养基地，是实施思想政治教育的重要载体。因此要强化对大学生的思想政治教育，完善高校思想政治教育工作。新生入学教育是实现高校思想政治教的重要载体，是引导学生思想、心理正向发展的重要机会。大一年级学生作为"00后"，他们独立自主，有较高的自我预期和求知愿望，但由于对社会缺乏充分的了解，经验和实践能力不足，理性思维欠缺，因此，他们面对社会中的多种诱惑，极易迷失自我。在新生入学教育中，开展理想信念教育、诚实守信教育、心理健康教育、安全教育和校规校纪教育等，帮助新生树立正确的世界观、人生观、价值观，为后期大学生思想政治教育工作的开展奠定基础。

（3）满足大学生的现实需要。

新生从高中生转变为大学生，面对陌生的生活学习环境会产生不适感。在高考结束后，学生的学习压力骤减，会出现缺失理想目标的现象，加上大学的学习方式和课程设置与高中完全不同，新生会存在学习方法不合理、学习动力不足等情况。因此，新生入学教育是满足其内在需求的第一课。在心理方面，高中生转变为大学生需要有一个心理的适应过程，通过新生入学教育有助于新生尽快适应大学生活，促进其身心健康成长。

3.1.2　党校团校学习、青马工程、大学生骨干培训

3.1.2.1　党校团校学习、青马工程、大学生骨干培训的考核设置

第二课堂将大学生参加党校团校学习、青马工程、大学生骨干培训经历列为考核的重要内容。党校团校学习、青马工程、大学生骨干培训是第二课堂基础类模块的必修环节，其中参加校级党、团校学习并合格得 2 学分，被评为校级优秀加 1 学分；参加国家级、省级、校级、院级青马工程并合格分别得 4 学分、4 学分、2 学分、1 学分，被评为国家级、省级优秀加 2 学分，校级优秀加 1 分，院级优秀加 0.5 分；参加校级大学生骨干培训并合格得 2 学分。

3.1.2.2　党校团校学习、青马工程、大学生骨干培训的目的和案例分析

（1）党校团校学习。

高校基层党组织承担着将党的路线方针政策及党中央重大决策部署在高校贯彻落实的重要职责和使命，是高校进行思想政治教育，强化责任担当、培育社会主义建设者和接班人的重要载体。共青团作为中国共产党的助手和后备军，共青团学校是广大青年在实践中学习中国特色社会主义和共产主义的学校。据统计，地方高校中团员学生占比较高，达 80% 以上，高校共青团教育直接影响青年大学生的意识形态建设。因此，高校团组织是高校思想政治教育工作中重要力量。高校党校作为全国党校系统的重要组成部分，是培育大学生党员的阵地，承担着发展、培育党员，以及对党员和党支部进行常态化教育和日常化管理的重任，且在培养社会主义建设者和接班人的教育事业中发挥着重要作用。大学生参与党校培训的主要方式是每年两期的入党积极分子培训和发展对象培训，集中培训能使大学生系统学习党的基本知识，了解党的百年奋斗重大成就和历史经验，增强"四个意识"、坚定"四个自信"、做到"两个维护"，坚定理想信念，明确新时代青年的使命感和责任感。

党校培训的课程设置与考核。入党积极分子培训和发展对象培训时间主要集中在每年的 4～5 月和 11～12 月，学习内容包括《中国共产党章程（2017 年修订）》、党的十九届六中全会精神、中共中央关于党的百年奋斗重大成就和历史经验的决议、习近平总书记在庆祝中国共产党成立 100 周年大会上的讲话、《中国共产党党员教育管理工作条例》《中国共产党组织工作条例》《中国共产党普通高等学校基层组织工作条例》《关于新形势下党内政治生活的若干准则》《中国共产党廉洁自律准则》《中国共产党纪律处分条例（2018 年修订）》、中国共产党百年历史与党的指导思想的创新与发展、人类命运共同体意识与青年担当，教学内容安排突出党的理论教育和党性教育，强化党章党规党纪教育，为提高党员发展质量奠定良好基础。

党校培训形式：采用集中授课、社会实践和自主学习相结合的教育模式，要求学生根据课堂学习内容做好课堂笔记；参加以志愿服务、义务劳动、专题讨论、素质拓展、分享党史故事等形式的实践活动；自主完成"学习强国"学习要求，并阅读党建书籍，做好读书笔记。根据本次培训内容、社会实践和所学专业情况写一份关于"当代大学生的历史使命"的心得体会。

党校培训考核：采取"考试＋平时成绩"的评定方式，其中结业考试占总评成绩的60％，平时成绩占总评成绩的40％。结业考试为闭卷考试，平时成绩根据学员的平时表现进行测评，如课堂考勤、社会实践参与度、读书笔记、心得体会等，综合考核达到合格才能结业并获得党校颁发的结业证书。培训评优则根据学生总评成绩（综合成绩85分以上）和现实表现，并参照学院党组织的推荐进行评定（比例原则上不超过参训学员总量的15％），由党校审核通过后方可评选其为优秀学员。

团校作为共青团和团员间的重要纽带，是广大青年坚定初心、增长知识、提高能力的重要平台，也是高校思想政治教育中不可忽视的力量。通过团校学习，有利于引导广大青年学生树立正确的世界观、人生观、价值观，提高学生的思想理论水平和综合素质。

在高校，团校主要通过开展政治理论专题教育，增强学生对理论知识的了解；组织团干部进行组织能力、实践能力等方面的实际工作能力方面的培训，提高团员团干的实际工作能力。学习内容丰富，涉及大学生活的方方面面；学习方式多采用集中培训与日常教育相结合的方式，如主题团日活动、组织征文活动、新媒体宣传等。

（2）青马工程培训。

党的十八大以来，习近平总书记高度重视在青年群体中开展马克思主义教育，提出要加强对青年的政治引领，在广大青年中加强和改进理论武装工作，引导广大青年运用马克思主义立场、观点、方法观察分析问题。2007年5月，共青团中央启动以大学生骨干、共青团干部和青年知识分子为重点培养对象的青年马克思主义者培养工程，简称"青马工程"，该工程旨在为党培养信仰坚定、能力突出、素质优良、作风过硬的青年政治骨干。2017年4月，中共中央、国务院发布《中长期青年发展规划（2016—2025年）》，将青马工程列为重点工作项目，青马工程已成为共青团组织聚焦思想整治引领的重要工作抓手。2020年6月，共青团中央、教育部、民政部、农业农村部、国务院国资有资产监督委员会等部门共同下发了《关于深入实施青年马克思主义者培养工程的意见》，为进一步深化青马工程培育功能做好工作部署。青马工程的实施和深化意味着我国高校大学生思想引领工作已经步入了崭新的阶段。

案例一：青马班专题讲座。

专题讲座是进行集中进行理论学习的重要方式，根据学生情况和社会发展情况选择针对性的教育专题，能有的放矢满足学生需求，提高学生理论素养和辨析能力。开展铭记校史感恩母校专题讲座，带领青马班全体学员一起追溯学校历史发展的轨迹，探寻学校自强不息、至善至远的精神根源，增进学生对校史校情的了解和对母校的认同感、归属感。通过专题讲座，提高的思想政治教育，引导学生骨干继承和发扬不畏艰难，奋发向上的精神，勇担时代责任。

案例二：特色调研活动。

在青马班开展"劳动者的一天"特色调研活动，引导学生树立正确的劳动观，尊重劳动、崇尚劳动。活动内容：以组为单位，跟踪调查一名劳动者一天完整的工作情况。调查对象为环卫工人、医务工作者、教师、小摊商贩等多种行业从业人员。通过这次独特的调研活动，让学员明白无论是哪种行业的劳动者，他们的工作都意义非凡，应当尊重每一个劳动者。

案例三：素质拓展训练。

在中日战争文化基地组织青马班全体学员开展素质拓展训练，让学员自主组队完成相关任务，并让团队默契完成"手指比划传递关键信息"的接力游戏，激发学生个人潜能，提高沟通交流的能力，增强团结合作意识，促进学生综合素质提升。

（3）学生骨干培训。

除组织开展青年马克思主义者培养工程的外，高校还应根据学校特点及培养要求开展系列学生骨干培训活动强化学生队伍建设，提高学生综合素质和能力，其中学生干部培训是高校中培养大学生骨干的常见方式。大学生骨干是高校各方面成绩突出的优秀大学生，在大学生群体中具有引领和示范作用。青马工程通过加强对大学生骨干的培训强化大学生群体的思想政治教育，具有较强的思想引领作用，因此，它在第二课堂思想政治与道德修养模块中具有重要地位。根据《"青年马克思主义者培养工程"实施纲要》文件要求，大学生骨干培训分为全国、省级、高校、院系四个层级，参加并完成以上四个层级的培训可在第二课堂中分别获得 4 学分、4 学分、2 学分、1 学分，若培训中获得国家级、省级优秀加 2 学分，获得校级优秀加 1 学分，获得院级优秀加 0.5 学分。高校是培养大学的主要阵地，下面将具体阐述校级和院级层面的培训。

校级培训主要由校团委在高校组织、宣传、学工（研工）等部门指导下组织实施。培养对象：在学业、学科竞赛、社会实践及志愿服务、文化艺术等方面有突出成绩的优秀大学生；担任校院两级学生干部骨干、学生社团负责人。培训学员 200 人次，培养周期为 3 个月，分为个人自学、集中培训和实践考察环节，日常每月集中培训 2 天，利用寒暑假分散开展社会实践锻炼。培训期间实行班主任管理制度，加强对学员的日常管理和引导。培训内容：理论学习研修、社会实践锻炼、社会志愿服务、素质拓展训练、交流合作分享。具体内容如下：

①理论学习研修。集中理论学习不少于 1 周，学习内容包括马克思主义基本原理、毛泽东思想概论、习近平新时代中国特色社会主义思想和中国特色社会主义理论体系、习近平总书记系列重要讲话精神、党史国史教育、习近平法治思想、形式政策等专题教育，全面提高学员理论素养和品德修养。

②社会实践锻炼。到爱国主义教育基地开展革命传统教育，到地震灾区、民族地区、改革发展前沿阵地调研考察，到农村、企业和园区学习实践、志愿服务，帮助学员坚定理想信念、锻炼道德品格、磨炼意志品质、培育优良作风。

③社会志愿服务。学员在志愿服务平台上的服务时长不少于 100 小时。通过在校园内、社区、农村参加政策宣传、法律宣传等公益活动，增强大学生骨干的社会责任感。

④素质拓展训练。开展素质拓展训练，加强团队建设，激发学生个人潜能，培养乐观的心态，提高沟通交流的能力，增强团结合作意识，促进学生综合素质提升。

⑤交流合作分享。采取演讲比赛、交流讨论、调查研究等方式，邀请先进典型、知名人士和学员开展面对面交流，鼓励学员参加高校学生理论学习社团和大学生创新创业俱乐部，鼓励学员跨学院、跨专业组队参加"挑战杯""创青春"等竞赛，帮助学员开拓视野，增长见识，提升能力。

学生干部培训时间为 3 个月。培训对象：学生会、自管会、社团联合会、大学生艺术团副部长（含副部长）以上职务学生干部，各学院团总支副书记（学生）、学生会主席团成员。培训方式：个人自学、分组讨论、现场教学和面试模拟等。培训课程分为政治理论修养与党性教育和综合素质能力提升两个部分，具体课程内容包括习近平总书记系列重要讲话精神、中国共产党党史、中国共青团团史、《习近平与大学生朋友们》等大学生思想政治引领类课程和《新时代高校团干部能力提升培训教程》、学生干部作风建设、公文写作、摄影技术、软件应用课程实训、公务员备考知识解析、面试模拟等。学生干部培训要求严格：每位参训学员要严格遵守学习纪律，集中精力完成学习任务。培训期间，不得无故缺席，如确有特殊情况，须提前向培训班班主任书面请假并报学院团委备案。无故缺席 1 次或累计请假 3 次，取消培训资格。参训人员需认真参加培训活动，坚持理论联系实际和学以致用的学风，积极参加规定的各项学习活动，深入思考问题，全方位提升自身能力素质水平和应对解决实际问题的能力。根据各科学习要求，认真准备结业考核，考核合格者可颁发学生干部培训班结业证书。

院级培训是校级培训的补充和延续，由院团委组织各班骨干学生参加培训方式主要是日常轮训，轮训周期为每月 2 次。培训内容以更加注重以专业为依托，以培育学生思想政治素质为核心，以创新精神和实践能力为重点。以材料与化工专业为例，院级培训会在基础培育上强化学员的社会责任感和职业道德培育，让学生在工程实践中坚持绿色可持续发展理念；提高学员创新实践能力，为服务地方经济发展打下基础。

3.1.3 参加主题为思想引领类活动的经历

3.1.3.1 参加主题为思想引领类活动的目的和考核设置

思想引领是高校思想政治教育的重点，大学生的思想引领由第一课堂和第二课堂共同完成，第一课堂主要通过课堂教学进行思想引领，第二课堂的培训活动、主题团课、社团活动及各类学生活动都是对大学生进行思想引领的重要方式。通过思想引领类教育能帮助大学生切实增强"四个意识"即"政治意识、大局意识、核心意识、看齐意识"，坚定"四个自信"即"中国特色社会主义道路自信、理论自信、制度自信、文化自信"，提升对党的认同感，努力成长为有社会主义核心价值观的社会主义建设者和接班人。通过思想引领类活动也能促进学生之间共同学习、深入交流、相互研讨，在活动中逐渐形成正确的世界观、人生观、价值观。思想引领类活动在高校的形式多种多样，思想引领类的比赛活动、集中主题学习等进行阐述。根据第二课堂成绩单学分计算办法，参加活动可得 1 学分，获得校级奖励加 1 学分，获得省级、国家级表彰分别加 3 学分、5 学分。

3.1.3.2 案例分析

案例分析一：思想引领类的比赛活动。

高校学生活动是对大学生进行思想引领的重要途径之一。学生活动不同于课堂教学和集中学习，其形式多样、内容丰富，如思想引领类的演讲、征文、微视频比赛等，且与大学生的校园生活联系紧密，极易激发大学生兴趣，使大学生在参与活动的过程中学习理论知识。因此，在思想引领方面具有显著优势。

案例一："新时代　新青年　新使命"主题演讲比赛。

（一）活动意义。

青年兴则国家兴，青年强则国家强。习近平总书记指出："青年一代有理想、有本领、有担当，国家就有前途，民族就有希望。"作为新时代的大学生，要树立正确的价值观念，树立远大理想抱负，认真规划自己的大学生活，牢记当代青年之使命，对国家、社会和个人发展具有重要意义。

（二）活动主题：新时代　新青年　新使命。

（三）参与对象：全体学生。

（四）比赛规则及要求。

1. 比赛前工作人员将通知各参赛选手进行抽签，比赛时按抽签顺序出场。

2. 每位选手演讲限时 6 分钟，时间剩 1 分钟时，工作人员会举牌提示；演讲时间少于 5 分钟或超时，将酌情扣分。

3. 演讲稿题目自拟，演讲内容必须紧扣主题，内容积极向上，思想性强；语言表达准确、流畅、自然；着装得体，仪态端庄；脱稿演讲。

（五）评分标准。

比赛采用 10 分制计分，评委将根据选手现场表现进行打分。评分按去掉一个最高分和一个最低分的方式进行，最终所得平均分（保留两位小数）为选手的最后得分。

表 3.1　演讲比赛评分标准

项　目	评分标准	分　数
主题内容	思想内容紧紧围绕主题，观点正确、鲜明，见解独到，内容充实具体；材料真实、典型、新颖，实例生动，反映客观事实，具有普遍意义，体现时代精神；讲稿结构严谨，构思巧妙，引人入胜；文字简练流畅，具有较强的思想性	3分
语言表达	演讲者普通话发音、语法、词汇运用规范，吐字清晰，声音洪亮圆润；演讲表达准确、流畅、自然；语言技巧处理得当，语速恰当，语气、语调、音量、节奏张弛符合思想感情的起伏变化，能熟练表达所演讲的内容	2分
仪表风范	演讲者仪表端庄，表情自然，形体动作大方得体，体现大学生朝气蓬勃的精神风貌；精神饱满能较好地运用姿态、动作、手势、表情表达对演讲稿的理解	2分
现场感染力	演讲者声情并茂，富有韵味和表现力，具有较强的感染力、吸引力和号召力；气氛活跃，能与听众产生共鸣，营造良好的演讲氛围	1分
时间掌控	演讲时间控制在 6 分钟之内。演讲时间少于 5 分钟或超时酌情扣分。计时从"我演讲的题目是《×××》"开始，到"我的演讲完毕"结束	1分
演讲水平与技巧	节奏处理得当，演讲技巧运用自如。表演自然得体、端正大方；表现力、应变能力强，能活跃气氛，引起高潮，有感染力，观赏性较强；上、下场应致意答谢	1分

（六）奖项设置。

比赛采取评委现场打分，比赛设有一等奖 1 名、二等奖 2 名、三等奖 3 名和优秀奖若干。

案例二：信仰的力量——红色书信诵读比赛。

为贯彻落实习近平新时代中国特色社会主义思想和党的十九大精神，巩固拓展"不忘初心、牢记使命"主题教育成果，喜迎二十大、永远跟党走的新征程，配合即将开展的党史学习教育，用好用活红色文化资源，打响红色文化品牌，掀起了解中国共产党的热潮，决定举办信仰的力量——红色书信诵读比赛。

（一）活动目的。

学生通过讲述红色书信中的党史故事，用自己的视角、语言、体验解读红色书信，重温革命历史，缅怀革命先辈，传承"红色基因"。突出表现喜迎二十大、永远跟党走、奋进新征程的光辉历程和建党百年的感动时刻，深入领会中国共产党人不忘初心、牢记使命、坚定信仰、勇敢斗争、廉洁自律的优良传统和爱国主义精神。

（二）活动主题：喜迎二十大、永远跟党走、奋进新征程。

（三）活动对象：学院全体学生。

（四）活动内容和要求。

1. 初赛：大一、大二年级每班至少3～4人参赛，大三、大四年级自愿报名参赛。

2. 决赛：通过初赛的学生进入决赛。

3. 前期准备。

（1）由新闻部成员通知各班宣传委员，让其通知班上学生关于此活动的相关事宜，让要参加的学生做好准备。

（2）组织参赛人员，联系主持人及邀请嘉宾。

（3）布置活动现场和黑板报背景的设计。

（4）奖品和布置会场物品的采购。

（5）新闻部学生进行拍照和写通讯稿。

4. 活动流程。

（1）活动开始时，新闻部负责签到并组织学生进入活动会场，参赛选手提前20分钟到场签到并抽签决定上场顺序。

（2）主持人致开幕词并介绍到场的评委。

（3）主持人介绍比赛规则、评分细则。

（4）比赛开始，参赛选手按照比赛前的抽签顺序进行比赛。

（5）期间由主持人向观众及选手公布结果分数。

（6）在每6位参赛选手参加完比赛之后，进行游戏环节，调节比赛气氛。

（7）待所有选手比赛结束之后，工作人员对选手进行排名。

（8）请嘉宾给获奖选手进行颁奖。

（9）主持人宣布活动结束，组织人员有序离场。

5. 活动要求。

在规定时间内，各班负责人统计本班报名人数，在××年××月××日之前以班级为单位将报名表交到新闻部。

6. 评分标准。

表 3.2　诵读比赛评分标准

项　目	评分要点	标准分
仪表形象	着装干净，大方得体	10 分
	姿态自然，动作适度	15 分
诵读内容	紧扣主题，内容积极向上	10 分
	行文流畅，规整	10 分
	内容充实，具有真情实感	10 分
语言艺术	发音标准、流畅，声音洪亮，正确把握诵读节奏	30 分
	对稿件或 PPT 的熟悉度，是否脱稿	15 分
合计	—	100 分

7. 诵读比赛要求。

（1）作品要求：红色书信中的党史故事。

（2）诵读要求：不只是单纯的诵读，要有感情的诵读。

（3）选手自备稿件或 PPT。

（4）时间限制：每位选手的诵读时间 2～3 分钟。

（五）注意事项。

1. 本次活动将采取签退，所以请参赛人员在比赛后不能提前离场。

2. 活动开始前请参赛选手将手机调成静音状态。

3. 新闻部干事在比赛过程中保持会场纪律。

4. 注意控制好活动时间。

（六）奖项和奖品设置。

比赛设有一等奖 1 名、二等奖 2 名、三等奖 3 名、优秀奖 4 名，并颁发证书及奖品。

3.1.4　团组织生活

3.1.4.1　团组织生活的目的与考核设置

团组织生活是团组织对团员进行思想政治教育和团员进行自我教育的基本形式，是加强团的自身建设的重要内容。根据团章规定，每一个团员都必须编入一个团支部，参加团组织生活，接受团组织的教育和监督。基层团组织要对团员进行教育、管理和服务，健全团的组织生活，落实"三会两制一课"制度，开展批评和自我批评。根据《中国共产主义青年团团员教育管理工作条例（试行）》要求，团支部每年至少要召开 1 次组织生活会，组织生活会的形式一般是团支部团员大会、团支部委员会会议或者团小组会形式召开。组织生活会的内容包括党的方针政策教育，党团知识和优良传统教育；讨论团的工作计划和工作任务，认真完成上级团组织交给的各项任务，监督检查团员完成工作任务情况；开展批评和自我批评，倡导优良校风和学风；团员教育评议一般与年度团籍注册、团员先进性评价、团的荣誉激励等工作统筹开展。通过团组织生活的学习有利于提高团员政治觉悟、监督团员履行义务、保证团员行使权利。

首先，通过团组织生活会有利于提高团员的思想政治觉悟。其次，通过团组织生活会有助于监督团员履行义务。履行团员的义务，发挥先锋模范作用，是团员的基本条件。通过团组织生活能及时了解在团员政治理论学习，宣传、执行党的基本路线和方针政策，团组织交办的工作完成情况，以及遵守国家的法律法规和团的纪律的情况。同时，通过民主生活会等多种形式开展经常性的批评与自我批评，提高团员履行团员义务的自觉性。最后，通过团组织生活有助于保证团员行使权利，保证团员充分行使权利是健全团内民主生活的基础，对调动团员的积极性有重要作用。因此，通过团组织生活一方面有助于保障团员接受团组织的教育和培训的权利；另一方面，能保障团员参与讨论和评价团的工作，对团的工作提出建议和监督的权利，使团员能参与到团组织工作中来，保障团组织生活的民主性。第二课堂将团组织生活列为考核内容，团员按时过好团组织生活可获得1学分，无故缺席一次扣0.5学分。

3.1.4.2 案例分析

案例一：关于召开"学党史、强信念、跟党走"基层团组织专题组织生活会的通知。

（一）主题：学党史、强信念、跟党走。

（二）目标要求。

深入学习贯彻习近平总书记"七一"重要讲话精神，落实"学史明理、学史增信、学史崇德、学史力行"要求，紧密联系团员思想学习工作实际，交流学习体会、对标先进标准、查找差距不足、激发责任担当，教育引导广大团员厚植爱党、爱国、爱社会主义的情感，树立远大理想，增强奋斗精神，争当中华民族伟大复兴的生力军。

（三）参加范围：全体共青团员（含新发展团员）。

（四）组织形式。

组织生活会原则上以团支部为单位召开，组织生活会要结合团员先进性评价和团员教育评议、年度团籍注册工作同步开展。

（五）主要环节。

1. 开展会前学习。

会前学习应均衡开展，11月月底前完成。采取集中学习和自学相结合的方式，组织团员重点学习以下篇目和内容：

习近平总书记在庆祝中国共产党成立100周年大会上的讲话；

习近平总书记在纪念五四运动100周年大会上的讲话；

党的十九届六中全会主要文件精神；

《团章》（重点是第一章"团员"）；

《中国共产主义青年团团员教育管理工作条例（试行）》；

《新时代共青团员先进性评价指导大纲（试行）》（重点是分领域团员先进性评价参考细则）。

2. 撰写发言材料。

团员要联系自己实际撰写心得体会，一般包括学习收获、自身不足、改进方向等方面的内容。重点对照习近平总书记对团员青年的一系列要求和希望，思考职责使命；对照先进党员团员事迹，思考努力方向；对照团员先进性评价标准，查找差距不足、改进提高。发言材料应符合个人实际、真实具体。突出坚定理想信念、提高理论修养、弘扬集体主义、勤奋刻苦学习、激发奋斗精神、提升业务能力、狠抓工作落实、改进工作作风等内容。

3. 召开组织生活会。

支部团员人数较多的，可以先以团小组为单位召开、团员交流发言，再以团支部为单位进行总结，会上只安排支部书记、委员、团小组长发言。支部团员人数较少的，可由团总支统筹，相邻相近的若干团支部联合召开。组织生活会实到人数应不少于支部团员总数的 2/3。团员因故不能到会或流动团员较多的团支部，可采取网络会议形式开展。具备条件的会场应悬挂团旗。组织生活会可邀请本级党组织负责人、上级团组织负责人到会指导；团支部较多的，应由学院团组织负责人、班主任（辅导员）、教师党团员等参与指导。保留团籍的党员，已参加党内党史学习教育专题组织生活会的，可不参加团内专题组织生活会；未参加的，应参加团内专题组织生活会。保留团籍的党员可不参加团员先进性评价和团员教育评议，自愿参加者不限。

4. 评价与结果运用。

坚持民主集中制，根据《新时代共青团员先进性评价指导大纲（试行）》，围绕"有信仰、讲政治、重品行、争先锋、守纪律"五个方面，采取个人自评、团员互评和组织评价相结合的方式开展团员先进性评价。团员先进性评价结果作为确定团员年度教育评议等次的主要依据。在以支部为单位进行民主测评的基础上，支部委员会按照优秀、合格、基本合格、不合格四个等次，研究提出每名团员的建议评议等次，报团总支批准。确定评议等次，应注意"看票不唯票"，评议学生团员重点防止唯分数、唯成绩。评议等次作为下一年度团籍注册、优秀团员和团干部评选、推优入党的重要依据。优秀等次团员数量应控制在参评团员人数的 30% 以内。触发《分领域团员先进性评价参考细则》"负面清单"的团员，年度不得评优，团组织应视情节给予组织处置或纪律处分。对评议等次为基本合格的团员，应由支部书记或上级团组织负责人进行谈话、教育帮助。对评议等次为不合格的团员，团组织要对其进行教育帮助，限期改正，暂缓团籍注册。处置不合格团员要严肃慎重、实事求是，做到事实清楚、理由充分，处理恰当、手续完备。

5. "学党史、强信念、跟党走"专题组织生活会基本流程。

（1）唱团歌。

（2）团支部书记汇报团支部今年开展党史学习，特别是学习习近平总书记"七一"重要讲话精神情况和组织生活会准备情况，并结合团支部工作和个人实际交流体会认识。

（3）团支部委员依次发言，其他团员对其进行评议，肯定其成绩并指出其不足。

（4）开展团员先进性评价民主测评投票。

（5）上级团组织负责人或本级党组织负责人点评讲话。

（6）重温入团誓词。

案例二：主题团课。

主题团课是由基层团支部开展，共青团员参与的主题突出、内容丰富的团的基本活动，是传达党的路线、方针、政策，加强青年思想政治教育的重要途径，也是“三会两制一课”的一课。开展方式主要有线上“青年大学习”的主题团课和线下集中学习的主题团课。线上“青年大学习”是共青团中央用习近平新时代中国特色社会主义思想武装全团而部署的教育行动，突出对青年的理论武装和思想引领，推动党的理论深入人心，引导广大青年“不忘初心、牢记使命”，听党话，跟党走。“青年大学习”主题团课的内容紧跟时政，与时俱进，能有效地向大学生传递最新的理论知识。对大学生线上“青年大学习”主体团课的考核方式主要是以班级为单位，统计学生的学习情况，每期按时学习则视为全勤，可得 0.5 学分。线下主体团课每月定期开展，学院团总支全体学生团员参加，学习习近平总书记系列重要讲话精神、党的青年运动史及《新时代加强和改进共青团思想政治引领工作实施纲要》《新时代全面从严治团实施纲要》等政策文件，观看红色视频，参加党史知识竞答。考核方式以考勤为主，团员干部对每次主体团课进行考勤，每次主体团课不迟到、不早退，积极参与的学员视为全勤，可得 0.5 学分。线下主体团课具体开展内容以某高校材料与化工专业为例。

团课示例一：“青春向党，奋斗强国”主题团课。

为了让全体团员深入学习十九届六中全会重要精神，在全校开展了“青春向党，奋斗强国”主题团课活动。

首先，各班团支书带领团员们认真学习了十九届六中全会精神和内容。积极倡导团员们将十九届六中全会中重要内容体现出的重要精神内化于心，外化于行，丰富知识储备，提升精神素养。通过开展本次主题团课活动，全体团员们深入学习了十九届六中全会的重要精神和内容，极大地激发了他们的积极性，提升了他们的思想觉悟性。

团课示例二：开展“喜迎二十大　永远跟党走　奋进新征程”团课。

在党的二十大来临之际，学院积极响应党的号召，履行共青团作为党的助手和后备军的职责使命，充分发挥党联系青年的桥梁和纽带作用，面向学院所有团员学生开展团课活动。在团课中，学习党的百年奋斗历史经验，紧扣共青团的根本任务、政治责任和工作主线，深入贯彻党的十九大和十九届历次全会精神，团结引领团员学生以全面建成社会主义现代化强国和用实际行动来实现中华民族伟大复兴的中国梦。“未来属于青年，希望寄予青年。”青年学生是国家发展的主力军，共青团是青年的引导者，在活动中，团员学生积极发言，依据自己的见解和其他学生分享自己眼中的共青团，以及身为其中一员应该承担的责任和履行的义务。

3.2　心理素质与身体素质类

本节具体内容由大学生心理健康教育、大学生劳动教育、大学生体育类活动和禁毒、防艾教育构成。本节最低修读学分为 3 学分，其中大学生心理健康教育和大学生劳动教育为必修环节，大学生体育类活动和禁毒、防艾教育为选修环节，心理素质与身体素质类模块具体课程设置如下。

3.2.1　大学生心理健康教育

3.2.1.1　高校第二课堂中大学生心理健康教育的目的与要求

2017 年，22 个部门联合印发的《关于加强心理健康服务的指导意见》明确指出，要加强教育界的心理健康人才队伍建设，培养心理健康人才的理论素质和实践技能的全面发展。同年，中共中央、国务院印发的《关于加强和改进新形势下高校思想政治工作的意见》提出，要推动高校思政创新改革的其中一项就是要加强对大学生的心理疏导，帮助大学生了解自己的身心健康，促进大学生心理健康和人格健全发展。2018 年，中共教育部党组印发了关于《高等学校学生心理健康教育指导纲要》的通知，将心理健康教育纳入高校人才培养体系，目标是做好心理育人工作，让科学性与实效性相结合、普遍性与特殊性相结合、主导性与主体性相结合，发展性与预防性相结合，从而促使高校大学生身心健康得到和谐的发展，从而提升大学生的心理素养。2021 年，《教育部办公厅关于加强学生心理健康管理工作的通知》要求，通过心理健康课程等方式提升大学生心理健康素养；通过心理辅导和心理测试等过程管理方式做好大学生心理危机的及早发现和心理健康日常咨询辅导服务；通过专业机构和家校协同干预等方式提高大学生心理危机事件干预处置能力；通过做好专业心理健康队伍建设、资金和场地保障等方式加大高校大学生心理健康教育的综合支撑力度，进一步提高大学生心理健康工作的针对性和有效性。

3.2.1.2　高校第二课堂的大学生心理健康教育课程与考核设置

大学生心理健康教育课程在第二课堂基础类模块的心理素质与身体素质类中为必修环节，共 1 学分，具体设置如下：

（1）"大学生心理健康课程"理论教学课（0.5 学分）。

"大学生心理健康课程"理论教学课，课程性质为必修，可采用线上网络课程学习方式、线下课程学习方式或者"线上＋线下"结合学习课程方式，32～36 个学时，面向全体学生开设心理健康教育选修和辅修课程，实现大学生心理健康教育全员、全过程覆盖，具体授课方式由学校的心理健康中心和教师人员数量决定，需参加心理健康课程考试，考试不合格可参加补考，计 0.5 学分，修满不挂科可认证 0.5 学分，心理健康理论课程的开设与考核由学校心理健康中心执行与负责。

（2）心理健康主题活动（0.5 学分）。

心理健康主题班会、心理健康竞赛活动、心理健康宣传活动，课程性质为选修，通过参加以上活动认证成功可获得 0.5 学分，心理健康主题活动的开展与考核由学校心理健康中心与二级学院联合执行与负责。

（3）心理健康系列讲座（0.5 学分）。

讲座、沙龙、论坛等方式进行心理健康测试、心理健康交流与辅导等，课程性质为选修，通过参加以上活动认证成功可获得 0.5 学分，心理健康系列讲座的开设与考核由学校心理健康中心执行与负责，学院协助。

3.2.1.3　高校第二课堂的心理健康教育案例分析

案例分析一："大学生心理健康课程"理论课程。

可采用线上慕课教学模式，比如，线上课程可通过智慧树官网学习国家级心理健康课程或选择适合本校学生学习的心理健康课程，通过线上课程学生可以学习到自我认知与探索、家庭关系、恋爱关系、朋友关系、情绪调节与应对、大学学习生活的适应、心理危机与应对等。

案例分析二：心理健康主题活动。

每年的 5 月 25 日是大学生心理健康日，围绕教育"珍惜生命，关爱自己"的主题开展大学生心理健康活动，可通过微信、抖音、微博等的学校官网开展心理健康线上活动，或者是通过摄影、音乐会、学校广播等开展线下心理健康方向的文娱活动，旨在组织大学生创造和展示学生积极健康的内心世界和心理品质，同时也能够宣传和普及心理健康知识，充分发挥校园文化的重要作用，帮助其获得更好的自我觉察、情绪管理能力和在新型冠状病毒肺炎疫情下保持内在稳定的能力，促进学生心理健康发展，以某高校的材料与化工专业的校内摄影大赛活动设计与开展为例进行分析说明。

（1）摄影大赛育人背景：5 月是大学生心理健康宣传月，为引导学生关爱自我、表达自我、了解自我、接纳自我，关注自己的心理健康，培养学生积极、阳光、抗压的心理品质，开展以"炫彩青春，携手同行"为主题的"化学元素与我"校内摄影大赛。通过"化学元素与我"校内摄影大赛，充分表达出学生眼里化学的美，捕捉化学元素，感受实验中的化学创造之美，找到日常中的化学之美，留住重要时刻，释放炫彩的青春。

（2）摄影大赛活动主题：开展"5·25"心理健康月系列活动"炫彩青春，携心同行"——"化学元素与我"校内摄影大赛。

（3）摄影大赛参赛作品要求。

①拍摄地点需在校内，并附上作品介绍（100～200 字）。拍摄主体可以是校园内的风景，也可以是人像。若作品上的主体为他人，必须征得其同意，不可侵权，如有侵权责任由参赛者自负。

②参赛作品（照片）大小：7 英寸①（178mm×127mm）照片。

③参赛作品背后须注明：参赛者的学院、班级、姓名、学号、联系电话和作品名称。

④参赛要求：图片清晰，内容积极向上，弘扬正能量，符合社会主义核心价值观。

⑤除影调处理以外，不得利用电脑和暗房技术改变作品原貌，拍摄仪器可以是手机或相机。

⑥参赛作品必须原创，严禁抄袭，若发现抄袭，取消参赛资格。

（4）摄影大赛评分标准。

①主题切合、能准确表达主题内容、寓意。

②色彩丰富、层次分明、有较强的感染力。

③构图优美，对焦清晰、细节明了。

④作品表达形式新颖，有个性，构思独特。

①　1 英寸≈2.54 厘米。

⑤体现出作品的原创性。

（5）摄影大赛活动意义：通过本次摄影大赛，学生们发现并记录下在校园中化学元素的美，获得了更好的自我觉察、情绪管理能力和在新型冠状病毒肺炎疫情时保持内在稳定的能力。通过对学生的"化学元素与我"的摄影作品进行张贴和展示，向来往经过的学生进行科普在学习生活中的化学知识，让其享受了一场化学元素的视觉盛宴，感受到了摄影作品中化学元素带来的创造、阳光和美好的魅力。本次摄影大赛呼吁学生关注自己的心理健康，学会通过利用好化学元素和化学知识创造更加美好的学习生活，通过发现化学美好的方式，学会用健康的方式去热爱材料与化工专业，希望学生都能够正确的方式对待自己的专业学习，也在这个过程中改善自己的生活学习方式，去关爱自己和接纳自我，提倡青年学生要学会珍爱生命，关爱社会。

案例分析三：心理健康系列讲座。

针对大一年级学生的心理健康讲座可结合专业进行讲解，并用较为新颖的心理测试题来吸引学生的目光和兴趣点。以此为契机向学生介绍专业特色、研究领域和就业方向，通过对专业介绍让学生明白大学和高中的学习不同之处，并在其中融入校园文化向学生宣讲心理健康知识。当结合专业谈论时，以材料与化工专业为例，告知学生材料与化学专业是以化学为基础方法，解决在新材料合成与制备、性能表征和工程应用中的科学与技术问题，为新材料领域培养理论创新、技术应用与管理型人才。毕业的学生将在化工、轻工、新能源材料、冶金等领域从事材料研发、生产、质检和管理等工作，本专业深造可以继续攻读材料科学与工程学科、化学学科及交叉学科等相关学科领域的研究生，让学生通过专业的研究方向和就业领域开始了解自己所学专业，对自己的专业产生兴趣。此外，要向新生介绍学校的心理健康咨询中心，通过介绍案例教学、体验活动、行为训练、心理情景剧等多种活动和咨询方式案例打开学生对心理健康的眼界和认知。如果学生有需要咨询的心理健康问题，可以向心理健康中心寻求咨询与帮助。通过心理健康系列讲座内容向新生介绍大学与高中在学习生活、专业领域、人才培养、校园文化等方面的不同之处以帮助新生更好地适应校园生活，同时向新生提供心理健康咨询服务的渠道。

3.2.1.4　高校第二课堂中大学生心理健康教育课程的实际意义

通过高校第二课堂的心理健康课程、心理健康活动、心理讲座与心理咨询服务等方式向大学生正面宣传心理健康知识和心理行为问题的识别和干预能力，满足大学生的心理健康服务需求，让高校大学生的心理健康问题得到及时关注、妥当处理、效果明显，降低大学生的心理疾病产生率，培养学生形成自信自立自强的健康心理状态，让大学生的心理健康素质、思想道德情怀和科学文化知识实现共同和谐发展。

3.2.2　大学生劳动教育

3.2.2.1　高校第二课堂的大学生劳动教育背景

引导高校大学生深刻领会劳动教育是新时代党对青年教育的新要求，对培育社会主义核心价值观，传承和弘扬中华民族优秀传统文化，培养担当民族复兴大任的时代新人具有重大意义。2020 年，《中共中央　国务院关于全面加强新时代大中小学劳动教育的意见》明确指出高校要建立劳动教育体系，包括完善的劳动素养评价制度，如将劳动教育设置为必修课程，课程学时不低于 32 学时，除设置课程以外，还需要将劳动教育同专业和学科特点相结合。同时，还需要让学生学会用新方法、新知识和创造性的方式去解决实际问题，培养学生的奋斗精神、奉献精神和实干精神等。同年，教育部关于印发《大中小学劳动教育指导纲要（试行）》的通知，明确要求给高校大学生树立正确的劳动观念，让学生通过生产、劳动和服务等方式，树立正确的就业观念和择业观念，提高自身的独立劳动意识和劳动观念，积极参加大学校园的食堂、教室等区域的卫生打扫和美化活动，通过劳动教育专题讲座、劳动主题演讲和劳动竞赛等方式增强劳动服务意识，并在实践中创造劳动成果。简而言之，教育体系中需要包含劳动教育体系并进行不断的完善，构建校内外、课内外互融互通的全员全程劳动育人体系及劳动教育考核评价体系，使劳动教育成为大学生的毕业考核依据之一。通过劳动教育，使学生能够理解和形成马克思主义劳动观，牢固树立劳动最光荣、劳动最崇高、劳动最伟大、劳动最美丽的观念。体会劳动创造美好生活，认识到劳动不分贵贱，尊重普通劳动者，培育勤俭、奋斗、创新、奉献的劳动精神；培养学生掌握满足生存发展需要，胜任专业工作的劳动实践技能。重构劳动价值体系帮助学生树立正确的劳动观，养成良好的劳动品质，培养适应时代需求的创新型应用人才。

3.2.2.2　大学生劳动教育课程设置

大学生劳动教育课程在第二课堂基础类模块的心理素质与身体素质类中为必修环节，共 2 学分，理论加实践学时不低于 32 学时，其中理论至少 8 学时，具体设置如下：

（1）"劳动教育"理论教学课（0.5 学分）。

"劳动教育"理论教学课，课程性质为必修，如第一学年第一学期开设线下课程或者开设网络课程，暂定为 8 学时，计 0.5 学分，修满不挂科可认证 0.5 学分。

（2）集中劳动实践课程（0.5 学分）。

集中劳动实践课程，课程性质为必修，计 0.5 学分，教学形式如下：

方式一：每个学生在校期间每学期参加集中劳动实践，具体形式为集体打扫教室、实验室等校园公共区域卫生。按照教室、实验室划片打扫及每月一次的公共区域卫生打扫安排组织好学生参加集中劳动实践，合格者可认证 0.5 学分（若每周的教室卫生抽查情况通报表上班级累计超过 3 次不合格，则为不合格）。

方式二：学生在寒暑假等假期返家期间，协助家长完成各类家务劳动，学生每次放假返家后完成劳动并填写上报。合格者可认证 0.5 学分。劳动教育与家庭教育相融合。建立家长学校，开设家长网站、微信和热线等方式，转变家庭教育中重知识教育，轻劳动教育的观念，提高家长让子女参与家务劳动的意识，倡导农村孩子参与父母的田间劳作，通过家务劳动让学生认识劳动的重要价值，养成热爱劳动的良好习惯。

（3）分散劳动实践课程（1 学分）。

分散劳动实践课程，课程性质为选修，以学校开设劳动技能选修课和各二级学院自行组织相结合的形式开展，学生以选修的形式参与劳动实践，修满 1 学分视为合格，教学形式如下：

①劳动主题班会。各班在五一劳动节前后按照相关要求按时组织关于五一劳动节主题班会、主题团日活动等，并及时撰写相关文章和拍照留下记录作为证明材料，合格者可认证 0.5 学分。

②社团劳动实践活动。开展与劳动有关的兴趣小组、社团、俱乐部活动，进行手工制作、电器维修、室内装饰、学习帮扶、分享会、比赛等实践活动，合格者可认证 0.5 学分。劳动教育与社团活动相融合。依托社团和俱乐部等，举办各种与劳动教育有关的演讲比赛、趣味劳动技能比赛，开展劳动活动周、技能竞赛月、职场（企业）岗位体验、评选先进个人等活动；聘请校内外的知名专家、劳模、企业家、创业能手开办讲座。

③专业教育劳动活动。结合专业教育组织学生参加劳动活动，如打扫教学实验场所卫生、教学实验设备管理维护，参加学院组织的寝室文明净化大赛并获奖（星级等级）且在军训期间组织内务检查时务必合格，可认证 0.5 学分。以宿舍卫生、个人清洁等作为学生日常生活劳动教育的主要内容，通过劳动营造干净卫生的学习生活环境，提升学生的生活自理能力、自我管理能力、自我规划能力和自我控制能力等，在劳动实践中培养学生尊重劳动、崇尚劳动的意识。

④志愿者活动。青年志愿者大队组织学生参加的校内外非营利性公益劳动与志愿服务，及时撰写相关推文和拍照留下记录作为证明材料，合格者可认证 0.5 学分。劳动教育与志愿服务相融合。充分发挥志愿服务活动对大学生的精神塑造作用，让学生参加各种社会公益劳动，加强社会实践调查、定期组织学生参观工厂、农村，安排学生帮贫、帮困等活动，创新社会活动服务载体，参与地方经济建设的各项服务活动，通过劳动提升学生社会服务意识和社会责任感。

⑤劳动实践基地。根据要求在指定的校内（外）劳动实践基地，参与劳动实践活动，合格者可认证 0.5 学分。劳动教育与专业教育相融合。各专业要深入挖掘专业课程教学中的劳动教育思想元素，实现多学科的渗透、多路径的实施和多形态的结合。各专业结合学科专业特点，建设劳动教育实践基地，各专业结合专业实践课程广泛开展实习实训等各类专业实践活动，拓展劳动教育内容的专业度和复杂度，以提升专业能力和职业能力为目的，做好专业实习实训等专业探究性劳动教育，在科学实验、专业实践、技术制作、艺术创作中，养成具有善于运用科学原理和技术技能的方法与能力，实现以劳动增智的目标。

⑥校园劳动实践活动。统一参加校园的清洁打扫和绿化、美化、净化、亮化工作；统一参加与学校建设管理等有关的执勤活动或学校举办的各类劳动实践活动，合格者可认证 0.5 学分。劳动教育与校园环境美化相融合。通过整治教室卫生、实验室卫生、校园农场、植树造林等校内劳动实践活动，实施劳动育人工程。以班级为单位分配劳动园地，制订具体的劳动计划，让学生参与校园环境改造，培养学生热心公益、保护环境的美德，养成自治、自理和热爱美、欣赏美、创造美的能力，从而实现以劳育美的目标。

⑦劳动技能选修课。选修一门学校开设的劳动技能课，考试合格者可认证 0.5 学分。把劳动教育纳入本专科专业人才培养方案，构建学校劳动教育体系。教务处和校团委结合学校特色、专业特点，通过外引与自建，开发丰富、实用、特色的劳动教育通识

课程和各类技能选修课，如基地体验课、自我服务课、社会实践课、公益劳动课、兴趣培养课、科技实验课等，不断丰富劳动教育课程资源。

⑧假期实践劳动活动。组织学生利用假期返乡开展劳动教育实践活动，参与各类家庭、社区劳动活动等，合格者可认证 0.5 学分。

（4）大学生劳动教育的组织实施。

①劳动教育由学生所在二级学院组织实施，根据自身专业特色和实际制订本学院的劳动教育教学计划，教学计划应包括课程设置、教学形式、授课教师安排、分值构成、课程时长和相应劳动环节的考核标准等内容，并按照教学计划自行组织开展劳动教育。安排专人负责劳动教育的开展，做好劳动安全教育、负责学生劳动安全和过程管理、负责评定学生劳动表现及等级鉴定等。

②结合自身实际和专业特色，联合学校和社会资源，和社会资源，至少建立一个校内（外）劳动实践基地，并组织学生参与劳动。

③做好开展劳动教育的宣讲工作，根据专业特色和学生特点安排贴近学生生活的劳动课程和劳动实践活动，并借助现代化技术手段进行劳动教育实践的安排与管理。

④要做好学生劳动安全保障工作，不得组织学生参加高空作业、严重污染、辐射大等易对身体或心理造成危险或危害的劳动任务。

（5）大学生劳动教育的纪律要求。

①所有学生都应认真学习劳动课教学内容，积极参加劳动学习与实践活动。

②劳动课期间学生要坚守劳动岗位，遵守劳动纪律，禁止利用劳动课时间从事其他与劳动教育无关的活动或私自外出。

③学生在劳动课期间不得无故缺席，不得迟到、早退，原则上不允许请假。若确实需要请假者，则应严格按照学校有关规定办理。

④劳动课期间应服从指导教师或带队教师的安排，认真完成劳动实践任务。

⑤劳动课结束后应认真总结经验教训，按要求提交总结报告，切实提高自身综合素质。

（6）大学生劳动教育的考核要求。

①劳动教育实践从学生的劳动态度、出勤情况、劳动任务完成情况三个方面进行考核。劳动课成绩分为优秀、良好、中等、及格、不及格五个等级。

②学生所在二级学院负责劳动课成绩管理，每学期末收集、整理学生劳动教育成绩并纳入第二课堂成绩单，学生在毕业前成绩合格即达到该门课程修读要求。

③确实因身体原因无法参加劳动教育实践者，经所在二级学院同意，并在规定的劳动时间内完成力所能及的劳动任务，可获得劳动课学分。

④劳动态度、劳动表现及劳动课成绩要作为该学生当期各类评优评先及评奖的重要依据。

3.2.2.3　高校第二课堂劳动教育的路径探析。

路径探析一：举办以"劳动开创未来·奋斗成就梦想"为主题的演讲比赛。

（1）活动背景。

依托校团委、二级学院、社团等开展各种与劳动教育有关的演讲比赛、趣味劳动技能比赛，围绕代表性人物的奋斗史、创业史、成功史和人生感悟来唤醒学生的劳动情感，领悟劳动创造价值，劳动促进国家富强。劳动教育是学生德智体美劳全面发展的主要内容之一，是中国特色社会主义教育制度的重要内容。为使大学生树立正确的劳动观念和劳动态度，热爱劳动和劳动人民，养成劳动习惯；为展现大学生劳动精神面貌、劳动价值取向和劳动技能水平，举办以"劳动开创未来·奋斗成就梦想"为主题的演讲比赛，二级学院积极响应校团委活动安排，组织动员学生进行初赛评比活动，最终评选 1名同学参加校级决赛。

（2）活动目的。

①树立学生正确的劳动观念，使他们懂得劳动的伟大意义。

②培养学生热爱劳动和劳动人民的情感。养成劳动的习惯，具有以劳动为荣，以懒惰为耻的品质。抵制好逸恶劳、贪图享受、不劳而获、奢侈浪费等恶习。

③调动学生对劳动的积极性，加强学生自主进行劳动的自觉性。

④拓展学生的综合素质，提高实践和理论相结合的能力。

（3）活动主题："劳动开创未来·奋斗成就梦想"。

（4）活动内容。

①人数、时间和地点。

②前期宣传：建立活动交流群，在群内发布相应公告，提前在群内介绍活动规则、确认活动流程以及相关评分规则，由二级学院转发和通知到年级班委群，班委宣传到班级，调动班级积极性。

③比赛要求。

演讲比赛分为初赛和决赛。均采用百分制，由评委现场打分，初赛取第一名进入决赛。二级学院举办初赛，校团委举办决赛。

比赛要求如下：

A．初赛演讲时间不少于 3 分钟，不超过 5 分钟。

B．比赛禁止出现抄袭、非原创等作弊行为。

C．创作内容要符合大学生的身份，演讲主题需围绕劳动教育。

D．演讲时要求脱稿，要紧扣主题，并能联系实际教学与实际生活。贴近身边的人事，从劳动的各个方面确定内容。可自带 PPT、背景音乐等。

E．初赛评出一等奖 1 名、二等奖 2 名、三等奖 3 名（第一名推荐入决赛）。

F．初赛评分不计入决赛评分。

表 3.3　主题演讲评分标准

评价项目	评价要点	得　分
演讲内容	1．思想内容紧紧围绕主题，观点正确、见解独到，内容充实具体（15 分） 2．材料真实、典型、反映客观事实，具有普遍意义，体现时代精神（10 分） 3．结构严谨，构思巧妙，引人入胜（10 分）	35 分

评价项目	评价要点	得　分
语言表达	1. 演讲者语言规范，吐字清晰，声音洪亮圆润（10分） 2. 表达流畅、自然，应变能力强（10分） 3. 语言技巧处理得到，语速恰当，语言、语调、音量、节奏张弛符合情感的起伏变化，能熟练表达所演讲的内容（15分）	35分
形象风度	演讲者精神饱满，能较好地运用姿态、动作、表情表达对演讲稿的理解（15分）	15分
综合印象	演讲者着正装，举止自然得体（5分）	5分
现场效果	演讲具有较强的感染力、吸引力，在有效的时间里能较好地与听众的感情融和在一起，营造良好的演讲氛围（10分）	10分
总分	—	100分

（5）劳动演讲比赛的意义。

劳动演讲的选手立足各自的工作、学习、生活实际，以饱满的热情、精彩的演讲讲述了全区广大职工在新时代立足岗位奋力拼搏的精彩故事，让学生深深地感悟到了劳动创造美好生活的真谛，劳动演讲比赛让学生进一步树立了正确的劳动价值观，深刻理解了劳动光荣的伟大意义，形成了以劳动为荣，以懒惰为耻的思想观念。

路径探析二：校内外劳动实践基地的建立。

（1）建立校内劳动基地。

以某高校材料与化工专业为例，同实验室建立劳动实践基地，学生可以在"实验室——大学生劳动教育基地"开展劳动教育实践活动，帮助实验室的教师对实验室进行整理、打扫，保持实验室干净整洁，让各类实验仪器、实验设备和实验用品等整齐存放。将社会实践和劳动教育落实落地进一步丰富学生社会实践和劳动教育工作的内涵建设，为大学生第二课堂提供教学和实践载体，增长学生见识，拓宽学生视野。此外通过，"实验室——大学生劳动教育基地"还能对学生开展实验室安全应急演练，普及示范突发状况下清洗液、防火布、灭火器及灭火沙的使用方法。在教师的指导下，模拟相关实验及危险发生时，人员的有序撤离、现场封锁、事故危害评估、事故有序上报、应急救援人员的个人防护、消除危险源、现场恢复、事故发生后的调查与评估等规范化应急处置流程，将理论知识和实际操作相结合，强化学生的实验室劳动安全意识。

（2）建立校外劳动基地。

以某高校材料与化工专业为例，同当地社区建立劳动实践基地，材料与化工专业的学生可以利用材料与化工的专业知识和特点在社区宣传环保知识、疫情防控知识等，既可锻炼学生的服务能力，也可使学生体验到劳动之辛和劳动之美，提高学生的服务意识、公德意识和劳动意识。

路径探析三：劳动分享会。

以某高校材料与化工专业的劳动分享会为例，学生可以通过劳动分享会声情并茂、朝气蓬勃地分享和诉说劳动故事。分享的劳动内容丰富多彩，可以是自己的劳动经验及感想、国内外的材料与化工方向的劳动故事和劳动精神的时代特征、劳动的起源与传承等，诠释什么是劳动精神，应该怎样更好地树立正确的劳动价值观，如何做一个爱劳动的时代新青年，用劳动去创造更美好的世界，展示我国劳动人民昂扬向上的精神风貌，从而培养学生自觉实行劳动精神的信念和决心，帮助学生更好地树立正确的劳动价值观。

路径探析四：校内清洁劳动活动。

以某高校材料与化工专业的校内清洁劳动活动为例，开展以"喜迎二十大，劳动最光荣"为主题的校内清洁环保活动，响应党中央的号召，大力加强学生的劳动教育，维护校园环境，营造热爱劳动的氛围。学生可以围绕教学楼、宿舍楼、图书馆等公共区域，使用化工专业知识清洁公共区域，分组开展了卫生打扫、清洁工作。校园里，学生处处能够看到对方打扫卫生的辛勤劳动身影，既展现了健康阳光、积极向上的精神风貌又让学生切身体验到劳动的不易和艰辛，帮助和促进学生养成爱护校园环境的劳动卫生意识。

路径探析五：校级劳动教育主题月活动集。

（1）"劳动开创未来·奋斗成就梦想"主题征文活动。

参选稿件需结合劳动教育主题，要求观点正确、主题鲜明、结构严谨、说理透彻，以写实的手法反映身边的人和事。

（2）"劳动开创未来·奋斗成就梦想"主题烘焙大赛。

参赛团队四人一组，通过线上评选蛋糕设计图初赛后，在学校烘焙室开展烘焙决赛。进入决赛的队伍在现场专业烘焙师的指导下按照初赛设计图制作蛋糕。比赛旨在培养学生团队合作精神，激发个体争先创优意识，体验在劳动实践中掌握知识技能的乐趣。

（3）工艺制作现场体验活动之扎染工艺。

学校邀请专业的印染与印烫工作室准备纯棉白布、橡皮筋、针线、冷染染料等材料，在校内进行现场示范教学，宣传劳动创造美好生活的理念，引导教育学生传承创新精神，积极投身实现"中国梦"的伟大实践中。

（4）工艺制作现场体验活动之教脸谱面制作。

学校教具制作协会准备空白面具、丙烯颜料、画笔等材料，在校内进行现场示范教学，充分挖掘学生动手能力，感受劳动创造美好生活的意境。

（5）"劳动者的一天"微视频展播。

在学校官微公众号对前期评选出的"劳动者的一天"微视频大赛优秀作品进行展播，利用新媒体平台营造积极向上的校园文化环境，引导学生感受劳动者的艰辛，感恩劳动者的不易，树立正确的劳动观念。

（6）开展"劳动开创未来·奋斗成就梦想"线上主题分享活动。

充分利用易班、QQ、微信、微博、抖音、哔哩哔哩等网络平台，以"劳动最美丽"为主题，通过分享自己在劳动中的所思所想所感、分享劳动成果和劳动先进典型等形式弘扬劳动精神。

通过以上活动充分发掘典型个人和劳动事迹，多渠道宣传劳动教育典型和经验。通过树立典型，不断激发学生劳动意愿，让甘于付出、乐于奉献、不计回报成为检验劳动教育成果的重要标准，充分调动集体和学生个人的劳动积极性引导学生积极参与劳动、带领学生一起劳动、鼓励学生乐于劳动、指导学生善于劳动。

路径探究六：教室劳动卫生制度的制定和实施标准。

以某高校为例探究劳动教育中的教室劳动卫生制度的制定和实施标准。

（1）目标与意义。

为深入贯彻落实习近平总书记在全国教育大会上的讲话精神，全面贯彻党的教育方针，进一步完善学生劳动教育制度，增强学生的劳动意识，形成正确的劳动态度和劳动习惯，提升学生的劳动素质，树立热爱劳动、尊重劳动、珍惜劳动成果的观念，培养团结协作、助人为乐的品质。

（2）形式与内容。

①参加对象：全体学生。

②劳动内容：每天打扫教室卫生，负责教室卫生保洁；校园公共区域卫生及保洁；继续做好学生公寓卫生工作。

③劳动区域：分配给各二级学院的各间教室。

④考核检查时间和标准：学生劳动内容考核成绩，将作为学生劳动教育课程成绩考核依据之一。

A. 考核检查时间。每周一至周五晚上21：30—22：00，周六、周日抽检。

B. 考核检查标准。窗户：窗台、窗沿无杂物、无灰尘。地面：清洁干净，无果皮纸屑等垃圾，垃圾篓倾倒干净，每周五要把地面拖干净。讲台：无粉笔灰，椅子摆放整齐，讲台护栏无灰尘、污渍。讲桌：教具等摆放整齐，抽屉无果皮纸屑，桌面干净无灰尘；粉笔盒外无粉笔头。多媒体：电脑屏幕无灰尘、污渍，电脑主机无灰尘、污垢，操作台面无垃圾、无灰尘。黑板：黑板面干净，无水渍、粉笔污迹，灰槽干净、无粉笔灰。课桌：抽屉干净无果皮纸屑，无污垢、油渍，桌面干净无灰尘。门：门两面干净，无灰尘。

C. 评分办法。总分10分，发现一处未达标扣1分，9分及以上为优秀，6~8分为合格，6分以下为不合格。

（3）具体工作分工。

①各二级学院。A. 制订本学院学生劳动教育方案，落实教室卫生打扫安排，做好检查结果与责任人的落实和匹配；B. 负责记录学生的劳动情况，根据本学院学生操行评定办法对学生参与劳动情况进行加（减）分；C. 负责第二课堂成绩单（大学生劳动教育）的学分计算，并对未按学期计划达到修读学分的学生给予警示提醒。

②学生工作处。A. 负责组织学生干部检查教室卫生；B. 负责教室卫生情况通报，每周将检查结果反馈给二级学院；C. 协助后勤管理处做好劳动工具的发放工作。

③教务处。A. 负责分配二级学院所管理的教室情况；B. 负责安排物管人员按照"谁使用、谁负责"原则，对特殊教室（如录播教室）使用后的卫生情况进行检查。

④校团委。A. 负责指导全校学生第二课堂的劳动教育；B. 负责指导二级学院开展学生第二课堂成绩单学分的填报、核定。

⑤后勤管理处。A. 负责劳动工具的采购工作；B. 负责安排检查物管人员做好教学

楼公共区域卫生；C. 负责安排检查物管人员做好特殊教室（教师休息室、考研教室）的卫生。

（4）工作要求。

①全校师生要充分认识劳动教育对学生成长和国家发展重大意义，要以劳动教育为抓手，培养学生正确的劳动观念，树立劳动最光荣、劳动最崇高、劳动最伟大、劳动最美丽的观念。

②各二级学院要切实加大宣传力度，不断拓展劳动教育的内涵，加强辛勤劳动教育、诚实劳动教育、创造性劳动教育，把在开展劳动教育过程中的先进事迹、特色做法和典型经验向学生工作处报送。

3.2.3.4　劳动教育的实际作用

高校要充分发挥第二课堂的劳动育人功能，协同家庭和社会实践等各方力量拓宽劳动教育渠道和方式，要因地制宜和遵循教育规律地教育和引导高校大学生们做好体现时代特征的大学生劳动，培养当代大学生的劳动精神和勤俭节约精神，要学会劳动、尊重劳动、热爱劳动，让高校大学生树立正确的劳动观念，弘扬无私奉献的劳动精神，注重劳动教育实效，实现劳动理论、劳动精神和劳动行为的知行合一，加强对劳动人民和劳动成果的尊重，提高当代高校大学生的劳动综合素养。

3.2.3　大学生体育类活动

3.2.3.1　大学生体育类活动的目的与意义

1997 年，国家教育委员会[①]关于印发《全国学生体育竞赛管理规定》的通知，明确规定，全国学生体育竞赛是指全国范围的综合性或单项体育竞赛，全国学生体育竞赛由国家教育委员会和有关部门、中国大学生体育协会或中国中学生体育协会及由中国大学生体育协会授权的单项分会主办。规定涵盖了竞赛项目和竞赛的总则、申办、竞赛组织、竞赛管理、裁判员的选派和管理、资格审查、竞赛纪律及申诉和竞赛财务管理及经费支配等。2007 年，《中共中央　国务院关于加强青少年体育增强青少年体质的意见》明确指出，根据调查表明，学校存在重视智育轻视体育的现象和趋势，导致学生体能和身体素质下降，较为严重地影响学生身体健康，故此要求全面实施《国家学生体质健康标准》，把健康素质作为评价学生全面健康发展的重要指标，把增强学生体质作为学校教育的基本目标之一。2020 年，体育总局、教育部印发了《关于深化体教融合促进青少年健康发展的意见》，要求加强学校体育工作，开展校内体育竞赛，建立和完善不同学段的体育赛事体系，加强对青少年体育类活动和竞赛的关注，加大对体育类活动的宣传力度，营造加强体育锻炼的良好校园氛围。同年，中共中央办公厅、国务院办公厅印发了《关于全面加强和改进新时代学校体育工作的意见》和《关于全面加强和改进新时代学校美育工作的意见》，指出学校需要健全体育竞赛和人才培养体系，推进学校体育评价改革，加强对高校大学生的体育综合素质评价。因此，大学生体育类活动在高校第二

---

① 1998 年，国家教育委员会更名为中华人民共和国教育部。

课堂中的意义非凡，能够有效地促进大学生身体健康成长、锤炼坚毅的意志和健全完善人格。

3.2.3.2 大学生体育类活动学分设置

大学生体育类活动在第二课堂基础类模块的心理素质与身体素质类中为选修环节，此项课程里面的活动主要针对非体育专业学生开展，体育专业的学按照学科竞赛加分，具体设置如下：

（1）参加大学生体育竞赛（1学分）。

参加1次大学生体育竞赛，参赛名单和比赛照片作为证明材料，合格者可认证1学分。

（2）体育竞赛获奖。

获得院级体育竞赛奖励可认证0.5学分、获得校级体育竞赛奖励可认证1学分、获得省级体育竞赛奖励可认证2学分、获得省级体育竞赛奖励可认证3学分、获得国家级体育竞赛奖励可认证3学分。全国性体育竞赛有三个级别。一级：中华人民共和国全国运动会（简称全运会），全国大学生运动会（简称全国大运会）。二级：由国家体育总局、教育部或中国大学生体育协会主办的单项体育竞赛。三级：由国家体育总局所属司、教育部体育卫生与艺术教育司或中国大学生体育协会所属分会主办的单项体育竞赛。全省性体育竞赛也有三个级别。以四川省为例，一级体育竞赛：四川省运动会（简称省运会）、四川省大学生运动会（简称省大运会）。二级体育竞赛：四川省大学生单项比赛——由省教育厅或省体育局下属的体卫处或运动管理中心主办。三级体育竞赛：四川省大学生片区比赛由省体育局或省教育厅与其他省级单位或省级协会联合主办的体育竞赛，省际间有关高校主办的体育竞赛，省内片区高校大学生体育竞赛；市级体育竞赛由市政府、市体育局或市教育局主办；校内体育竞赛由校体育运动委员会主办。

3.2.3.3 高校第二课堂的大学体育类活动案例分析

高校体育类活动设计与案例分析一：院级体育竞赛足球赛设计活动。

在学院迎来新生之际，为增进二级学院学生之间的友谊，丰富学生的课余生活，活跃校园文化气息，提高学生的综合素质，培养积极向上的进取精神，满足足球爱好者对足球的欲望和激情，为爱好足球的学生提供一个相互交流和相互学习的平台，某高校材料与化工专业策划了举办第一届"宇星杯"八人制足球赛。

（1）竞赛时间和地点。

时间：××年××月

地点：××足球场

（2）参赛单位：××学院全体学生。

（3）参赛办法。

①报名。

A. 所有报名且符合参赛资格的运动员，均可参加本次比赛。

B. 各参赛队可报领队1人，教练1人，运动员11人。各队报名后的运动员名单一经确认不得更换。

②运动员资格。

A. 参赛队员必须是××学校在校学生，各队负责人应将队员名单及有关资料在赛事开始前根据通知交到活动组织方。

B. 每个队员不得代表两支及以上的队伍参赛，否则取消该球队的成绩和参赛资格。

C. 参赛队运动员必须办理"人身意外伤害保险"，未办理者，不能参赛。比赛开始时需交已经购买保险的证明。

D. 各队佩戴护腿板，穿布面胶鞋或者皮面碎钉进行比赛。

（4）竞赛办法。

①执行国际足联最新审定的《足球竞赛规则》。

②比赛采用单场淘汰制。

③比赛用球使用 5 号足球。

④每场比赛开始前 15 分钟，各队教练员必须提交上场的 8 名首发队员名单和替补队员名单；每场比赛最多能替换 3 人，未填报的替补队员不得上场比赛。

⑤比赛时间：60 分钟，半场 30 分钟。

⑥如果一个队在比赛中场上队员不足 5 人时，比赛自然中止，该队为弃权，判对方3∶0 胜。

⑦各参赛队必须准备颜色不同的两套比赛服装和护膝，比赛队员的姓名、号码必须与报名单相符，一个赛季只能穿一个号码的球衣，否则不得上场比赛；守门员的比赛服装颜色要与其他队员和裁判员服装颜色有明显区别；比赛队员紧身裤的颜色与短裤的预颜色必须一致；场上队长必须自备 6 厘米宽且与上衣颜色有明显区别的袖标。

⑧运动员必须佩带护腿板，穿布面胶鞋进行比赛，不能穿戴任何的装饰品上场比赛。

（5）分组与参赛队伍：根据具体报名队伍及人数进行划分。

（6）录取名次与计分办法。

①录取名次：最终名次取冠军、亚军、季军，获得奖励名次的参赛队伍和运动员，颁发奖杯奖牌。

②计分办法：比赛采用积分制，赢一场积 3 分，平局积 1 分，小组前两名晋级淘汰赛，如遇积分一样，先看相互胜负关系，再比较净胜球，以及进球数，若还未分出胜负，则进行点球大战。

③本规程解释权属主办单位，未尽事宜，另行通知。

（7）体育竞赛足球赛活动意义：传承足球美，飞扬学子情，为了培养学生奋勇拼搏的精神和团结协作能力，学生组成的足球健儿队伍将在田径场参加八人制足球比赛。在球场上足球运动员英勇冲锋，运球传球，一度英姿飒爽，表现出大学生运球员的热血和青春活力，在激烈的较量中需要凭借着团队之间的积极配合去射门防守，比赛不仅仅展现大学生足球健将的青春风采，丰富了大学生的校园生活，也培养了大学生的努力奋斗和坚持不懈的体育精神和竞赛能力。

高校体育类活动案例分析二：寝室趣味运动会。

为了构建和谐校园，展现大学生活力风采，积极响应"走下网络、走出宿舍、走向操场"的号召，通过团体趣味游戏丰富宿舍文化生活，加强宿舍集体荣誉感，增进室友间的合作意识和友爱精神的理念。某高校材料与化工专业举行了寝室趣味运动会。运动会的内容有接力赛跑、爱你在心口难开、齐心协力、你画我猜等。比赛现场的竞争十分激烈，每位选手都在为他们各自的寝室努力比赛，相信这种有助于营造积极良好的寝室氛围的活动可以提升他们的集体荣誉感。最后，在各个寝室间激烈的角逐中评选出了此次趣味运动会的获奖寝室和个人。此次寝室趣味运动会为活力四射的大学生搭建了一个参与运动、强身健体、享受快乐的平台，让学生在紧张的学习生活之余体会到运动的快乐，同时也使学生们的宿舍生活更加和谐。

高校体育类活动案例分析三："三加一"篮球比赛。

为提高学生的身体素质与文化素养，增强材料与化学专业学生的球类竞技水平，展现当代大学生的风采。某高校材料与化工专业举办了"三加一"篮球比赛。本次比赛以中国篮联最新审定的《篮球规则》为标准，采用单场淘汰制，每场 5 分钟。篮球赛分为 4 轮进行，每轮分为 12 个组，采取每个组两个球队一对一模式，赢得球赛的一方晋级，反之淘汰。在保证公平公正和参赛人员的安全的原则下，本次比赛得到了学生的积极响应。通过比赛的最后得分，评选出冠军、亚军、季军。此次比赛展示了学生积极向上、奋力拼搏、团结协作的精神风貌，达到了锻炼身体、愉悦身心、凝聚力量的目的，希望学生能在今后继续发扬拼搏进取、昂扬向上的体育精神，以饱满的热情投身到学习工作中。

3.2.4　禁毒、防艾教育

3.2.4.1　禁毒、防艾教育的目的与意义

为深入贯彻习近平总书记关于禁毒工作的重要指示精神全面落实省委省政府禁毒工作部署，切实服务全省青少年健康成长，在校园内营造禁毒宣传教育热潮，教育引导大学生学习禁毒和防毒技巧，根据各地禁毒工作的总体安排和工作重点，把握青少年禁毒工作的重点领域和关键环节，开展形式多样、内容丰富的品牌活动，切实提升禁毒宣传教育工作实效，切实增强学生识毒、拒毒、防毒、禁毒意识，筑牢校园禁毒防线。为进一步落实《"健康中国 2030"规划纲要》《国务院关于实施健康中国行动的意见》《遏制艾滋病传播实施方案（2019—2022 年）》《教育部、国家卫生健康委联合部署加强新时代学校预防艾滋病教育工作》的有关要求，推进"十四五"期间学校预防艾滋病教育工作的开展，遏制青年学生人群中艾滋病的传播和流行，促进青年学生身心健康，各地教育行政部门和高校要切实增强做好学校艾滋病防控工作。高校第二课堂中的禁毒、防艾教育能够有助于大学生健康成长。

3.2.4.2　禁毒、防艾教育的考核设置

禁毒、防艾教育在第二课堂基础类模块的心理素质与身体素质类中为选修环节，具体考核设置如下：禁毒、防艾教育各占 0.5 学分，学习完成修得 1 学分。

3.2.4.3　高校第二课堂的禁毒、防艾教育的案例分析

（1）禁毒案例分析。

　　为进一步贯彻落实《四川省教育厅办公室转发〈四川省禁毒委员会关于做好 2021 年"全民禁毒宣传月"禁毒宣传教育工作的通知〉的通知》文件精神，结合常态化疫情防控的工作实际，全面落实文件精神，某高校材料与化工专业召开了"全民禁毒宣传月"主题班会。"以史为鉴，可以知兴替。"向学生介绍虎门销烟的历史，国际联盟把虎门销烟开始的 6 月 3 日定为"国际禁烟日"。组织学生观看了禁毒纪录片《中华之剑》，通过纪录片了解我国在禁毒方面所做出的艰苦斗争。教师结合视频，对各类毒品属性、成瘾机制、危害和目前迷惑性较强的新型毒品等内容都做了一一介绍，使大家对毒品有了更为直观的认识。经过本次主题班会的学习后，对中华民族与毒品做斗争的历史有了深刻了解，对毒品的危害也有了进一步的认识，提高了大学生的禁毒意识。

　　（2）防艾教育案例分析。

　　为了更好地引导学生树立正确的防范艾滋病意识，理性地对待艾滋病人群，发挥学校预防、控制艾滋病的积极作用。某高校材料与化工专业开展了主题为"生命至上，终结艾滋，健康平等"的大学生"防艾知识分享会"活动。活动伊始，各班参赛选手用 PPT 或视频的方式对艾滋病进行了讲解，着重介绍了艾滋病的传播途径、艾滋病的危害以及预防艾滋病的方法。学生积极登台展示，"生命至上，终结艾滋，健康平等"的主题内容贯穿分享会始终。最后，各班的评委小组对参赛选手的分享展示打分，每班根据得分情况评选出一等奖 1 名、二等奖 2 名、三等奖 3 名。此次防艾知识分享会活动，有助于学生群体更清晰更直白地了解艾滋病的相关知识，认识艾滋病的危害以及预防艾滋病的重要性。呼吁学生积极参与到与艾滋病相关的宣传活动中，让每一个人都能够正确的认识和预防艾滋病，保护自己，关爱他人。

3.3　社会实践与志愿服务类

　　社会实践与志愿服务类模块分为寒暑假社会实践调查、暑期"三下乡"活动、社会实践相关荣誉、志愿公益活动和志愿公益活动相关荣誉等内容，本节最低修读学分为 6 学分，其中寒暑假社会实践调查和志愿公益活动为必修环节，其他为选修环节，社会实践与志愿服务类模块具体课程设置如下。

3.3.1　寒暑假社会实践调查

3.3.1.1　高校第二课堂中大学生寒暑假社会实践的目的与意义

　　社会实践活动是大学生积极成才、健康成才的有效途径，是学生超前将理论和实际结合起来的桥梁。加快大学生社会实践活动长效机制的探索和研究，对加强大学生社会实践活动建设、提高社会实践活动的有效性和针对性具有很强的现实意义。为此需要贯彻落实中共中央、国务院《关于进一步加强和改进大学生思想政治教育的意见》及《中宣部　中央文明办　教育部　共青团中央关于进一步加强和改进大学生社会实践的意见》。大学生社会实践是有中国特色高等教育的重要组成部分，是对大学生进行思想政治教育的重要途径。我国高校的大学生社会实践活动经历曲折发展，积累了不少经验，取得了巨大的成绩。大学生参加社会实践活动不仅能增加社会阅历，开阔视野，也能够提升自身就业能力，促进自身顺利就业。当前大学生社会实践活动内容缺乏针对性且对实践活动评价方式的单一性，在一定意义上影响了社会实践促就业的实际效果。对社会实践促进大学生就业长效机制构建进行深入的探索与实践，是当前教育工作者面临的一个重要课题。本节通过诸多有针对性的案例，探讨新时期大学生社会实践活动的现状，有针对性地提出加强大学生社会实践活动的对策性建议，以期准确把握大学生社会实践活动的本质和规律，促进新形势下大学生社会实践活动的深入发展。

3.3.1.2　高校第二课堂中大学生寒暑假社会实践调查的考核设置

大学生寒暑假社会实践调查在第二课堂基础类模块的社会实践与志愿服务类中为必修环节，具体设置为每年参与调查并完成报告得 1 学分。

3.3.1.3　高校第二课堂的寒暑假社会实践调查案例分析

案例分析一：某高校材料与化工专业所在院系积极组织学生开展大学生志愿者寒假"佳节尚文明　志愿关爱行"社会实践活动，坚持以习近平新时代中国特色社会主义思想为指导，引导和帮助广大青年学生在社会实践中受教育、长才干、做贡献，努力成为有理想、有本领、有担当的人。

（1）和谐春运　平安出行。

①该专业学生协助四川省大邑县客运站乘车的人员做好疫情防控工作，让大家健康快乐的迎接春节。

②该专业学生参与四川省乐山市沐川县沐川客运中心站志愿服务活动。

③该专业学生参加四川省凉山州会东县鲹鱼河镇东县客运中心春运志愿活动，为广大旅客提供引导咨询、秩序维护、体温检测等方面的服务。

（2）青春志愿　靓在乡村。

①该专业学生进行乡村基层志愿活动，在三合村村民委员会志愿工作中深度参与到疫情防控、森林防火、交通安全宣传工作中，为广大人民群众过幸福年、平安年做好"盾"的工作。

②该专业学生在宜宾市翠屏区仁和社区参加关爱户外劳动者的志愿活动，把温暖传递出去，让志愿关爱行动成为冬日里的一道暖风景。

③该专业学生积极投身于攀枝花市东区大渡口街道办事处，参加家乡政务实践和抗疫一线。主要围绕政务实践、志愿服务、慰问帮扶三个板块，实施并参与了慰问活动、安全培训、帮扶计划、社区活动、党史宣传等，为建设服务群众"最后一公里"尽绵薄之力。

（3）新型冠状病毒肺炎疫情　重在防控。

①该专业学生为四川省宜宾市江安县五矿镇的居民推广与宣传四川天府通健康码，并普及其用法，取得良好的效果。

②该专业学生来到四川省广安市岳池县苟角镇金龙社区，协助社区开展新型冠状病毒肺炎疫情防控工作。

③该专业学生为了巩固加强三级防控下的社区治理，健全防疫工作常态化体系，报名参加了共青团梓潼县委青年志愿者，跟随队伍，参与梓潼县文昌中学新型冠状病毒肺

炎疫情处置应急演练筹备工作及应急演练。

（4）呵护儿童 关爱老人。

①该专业学生在泸州市圆梦关爱协会的大力支持和指导下，加入"一路同行志愿服务队"，开展丰富残障儿童的体育活动，让残障儿童及家庭积极参与到更多的社会活动中。

②该专业学生来到自贡市自流井区火井沱社区，开展"关爱社区儿童·助苗健康成长"主题志愿活动，通过和社区儿童、老人一起做游戏，开展联欢会等活动形式，锻炼儿童的智力、体力发展，教儿童学会感恩家长、感恩学校、感恩祖国。

③该专业学生作为镇雄义工中志愿者的一员，和义工的各个志愿者及组织者，带领需要帮助的儿童参观云南师范大学附属镇雄中学。给贫困地区的孩子带来帮助与陪伴。

④该专业学生来到在平昌县坦溪镇和兰草两镇进行了社会实践活动，慰问山区里的孤寡老人和困境儿童，给他们送去一份关爱和温暖。

"纸上得来终觉浅，绝知此事要躬行。"该专业的大学生志愿者寒假"佳节尚文明志愿关爱行"社会实践活动，使学生找到了理论与实践的结合点，给学生提供了广泛接触基层、了解社会的机会。通过实践活动，不仅增强了学生关注家乡、热爱家乡、回馈家乡的朴素情感，用行动表达了对家乡的深厚情感，也彰显了新时代青年大学生积极向上的精神风貌，为助力乡村振兴、经济社会高质量发展贡献了青春力量，诠释了青春的担当。

3.3.2 暑期"三下乡"活动

3.3.2.1 高校第二课堂中大学生暑期"三下乡"活动的目的与意义

"三下乡"活动指的是文化、科技、卫生下乡活动，是由中央宣传部、中央文明办、教育部、科技部、司法部、农业部①、文化部、卫生部②、国家人口计生委、国家广播电视总局、新闻出版总署、共青团中央、全国妇联和中国科协 14 部委联合开展的活动，旨在提高农民思想道德和科学文化素质、助力脱贫攻坚。社会实践是育人的重要内容和有效手段，中国政府历来重视青年学生实践能力的培养。随着恢复高考制度和教育体制改革的不断深入，青年学生社会实践的内容不断丰富，领域不断拓展，形式日益多样。20 世纪 80 年代，以走进社会、调查研究为主。20 世纪 90 年代初，开始有组织地开展志愿者扫盲与科技文化服务活动。1997 年以来，共青团中央会同中央宣传部、教育部、全国学联共同组织开展了大中专学生志愿者暑期"三下乡"社会实践活动。在这项活动中，每年暑期，数以百万计的青年学生以志愿者的身份组成实践服务团队，深入农村特别是贫困落后和欠发达地区，开展文化、科技、卫生服务，突出发挥高学历青年学生的知识技能优势。从 2000 年开始，在这项活动中增加了一个深化性的子项目：百支博士团"三下乡"志愿服务行动。大学生志愿者"三下乡"社会实践活动，把青年学生成才

---

① 现已更名为农业农村部。
② 现已更名为卫健委。

报国的理想同国家经济社会发展的实际需要结合起来，促进了产、学、研结合，在全社会弘扬了志愿服务精神。青年学生在服务农村两个文明建设的实践中认识国情、了解社会、增长才干，增进了与人民群众的感情。

3.3.2.2　高校第二课堂中大学生暑期"三下乡"活动的内容与学分标准

大学生暑期"三下乡"活动在第二课堂基础类模块心理素质与身体素质类为选修环节，大学生暑期"三下乡"指的是文化下乡、科技下乡和卫生下乡，具体如下：

①文化下乡：图书、报刊下乡，送戏下乡，电影、电视下乡，开展群众性文化活动。

②科技下乡：科技人员下乡，科技信息下乡，开展科普活动。

③卫生下乡：医务人员下乡，扶持乡村卫生组织，培训农村卫生人员，参与和推动当地合作医疗事业发展。

参加校院两级"三下乡"活动可获得 1 学分/次。

3.3.2.3　高校第二课堂的大学生暑期"三下乡"活动案例分析

案例分析一：为深入贯彻落实习近平总书记到宜宾学院考察调研重要讲话精神，结合学习党领导下中国青年运动的百年历程，坚持"受教育、长才干、做贡献"的宗旨，努力培养堪当民族复兴重任的时代新人，让学生感受宜宾厚重历史文化，增强对宜宾发展的认同感和自豪感，某高校材料与化工专业所在院系组织青年志愿者队 10 余名学生到宜宾市博物院，开展了主题为"参观宜宾市博物院，争当文化传播者"的暑期"三下乡"社会实践活动。

宜宾市博物院是一座集文物收藏、科学研究、陈列展览、宣传教育于一体的地方性综合博物馆，市级爱国主义教育基地。设有"花开并蒂""四季乡愁""我住长江头""千年酒文化"等展厅，通过典型图片、实物资料、场景还原、动态演示等多种方式全面展示了从古至今宜宾人民群众取得的伟大成就和当地生产生活发生的巨大变迁。

学生在讲解员的带领下领略了丰富多彩的巴蜀青铜文明，了解了宜宾从 4 万多年前的远古时期至 1949 年 12 月和平解放的历史演变，探访了宜宾非物质文化遗产和民俗文化，感受了宜宾酒史、酒风、酒俗，以及以五粮液为龙头的宜宾酒产业文化的独特魅力。

学生纷纷感叹宜宾历史文化底蕴的深厚，表示一定要不断提高自身的历史文化修养，丰富历史文化知识，为中华优秀传统文化和宜宾历史文化的传承贡献自己的一份力量。

案例分析二：某高校材料与化工专业所在院系积极组织学生开展返家乡参与暑期"三下乡"社会实践活动。志愿者们纷纷到社区和街道，围绕助力新型冠状病毒肺炎疫情防控和经济社会发展、助力乡村振兴、助力新时代文明实践中心建设等重点工作开展志愿服务。

（1）创文服务　有我有你。

宜宾市 2020 年创建全国文明城市，在宜宾的高校学生积极参与宜宾市社区志愿服务，通过多种形式，为宜宾市创建全国文明城市添砖加瓦。其他学生也积极参与到家乡的创建文明城市志愿服务中，为家乡的创文活动贡献自己的力量。

（2）筑梦青春　逐梦明天。

在"三下乡"活动中融入"逐梦计划"，通过开展以岗位实习为主要内容的社会实践活动，增强了学生的职业体验感和就业创业能力，志愿者们因在实习岗位表现优异荣获得攀枝花市团委（青春攀枝花）微信公众号推文介绍。

（3）脱贫攻坚　当仁不让。

扶贫先扶智助力乡村振兴，鼓励在乡大学生投身乡村振兴，开展基础教育、医疗卫生、服务"三农"、青年工作、基层社会治理等领域的实践活动。志愿者认真开展"三下乡"走访活动，关心当地贫困学生，鼓励他们努力学习，用知识改变命运，让贫困学生充分了解到学习的重要性。2020 年，全国各地都吹响了脱贫攻坚的集结号，学院号召学生们积极投身脱贫攻坚工作，在贫困地区开展政策解读、实地调研等活动，帮助贫困地区群众解决实际问题，在打赢脱贫攻坚战中凝聚力量、贡献智慧。

（4）"携爱入乡"　关爱"空巢"老人。

以学生专业技能为依托，在科学精准有效的防控措施保障下，学院鼓励学生参与社区防控排查，进入乡村，了解民情，关爱"空巢"老人，为新型冠状病毒肺炎疫情防控和促进经济社会发展做贡献。"携爱入乡"志愿队来到达州市庙坝镇开展"三下乡"活动，向各个乡村的人民群众详细宣传国家政策，陪伴当地"空巢"老人，携爱入乡，情系于民。

通过暑期"三下乡"社会实践活动，学生们从小我融入大我，坚定了理想信念，拉近了与社会的距离，在社会实践中开阔了视野，增长了才干，进一步明确了青年学生的成才之路与肩负的历史使命。此次实践活动结束后，学生纷纷表示，将继续学好专业知识，提升综合素质，毕业后到祖国和人民最需要的地方去。

3.3.3　社会实践相关荣誉

3.3.3.1　社会实践相关荣誉评选的目的和意义

为深入践行社会主义核心价值观，切实引导学生在实践中受教育、长才干、做贡献，各级团组织开展了主题鲜明、形式多样的社会实践活动，取得了显著成效。为了深化活动影响，总结经验成果，宣传先进典型，评选表彰社会实践先进集体和先进个人。

3.3.3.2　社会实践相关荣誉评选的考核设置

大学生社会实践相关荣誉在第二课堂基础类模块的社会实践与志愿服务类中为选修环节，社会实践相关荣誉的学分认定标准如下：获得校、省、国家级社会实践相关集体（个人）荣誉分别得 1、2、3 学分。

3.3.3.3　高校第二课堂的社会实践相关荣誉评选案例分析

以某高校的材料与化工专业的社会实践先进团队和社会实践先进个人的评选为例进行简单的分析说明。

（1）评选条件。

社会实践先进团队评选条件：在各项社会实践活动中有周密的活动计划，实践团队有协作，有纪律；活动有主题，有宣传，能深入城乡基层，开展各类实践服务活动，达到实践预期效果，并完成较高质量的总结报告。

社会实践先进个人评选条件：在学校或二级学院组织的社会实践活动中全程参与，并且真实、独立地完成社会实践活动的全部内容，认真总结；实践中不怕苦累，热心助人，开拓进取，有创新意识，有个人的社会实践成果上报。

（2）名额分配。

各二级学院可推荐一个先进团队参评。团员人数在千人以上可推荐 20 名学生参评，团员人数在千人以下可推荐 10 名学生参评。

（3）评选步骤。

社会实践先进个人的评选由各二级学院团总支统一组织，按评选条件提出候选人，候选人要登录学工系统提交申请，填写相关表格，经团支部审核，报团总支和党总支审定，最后报校团委审批。

（4）奖励办法。

凡被评为社会实践先进集体和先进个人的，均由校团委张榜公示，并予以表彰。

3.3.4　志愿公益活动

3.3.4.1　高校第二课堂中大学生志愿公益活动的目的与意义

1985 年 12 月 17 日，联合国大会确定每年的 12 月 5 日作为国际志愿者日，其目的是在世界范围内弘扬志愿者精神，宣传志愿者在社会和经济发展中的作用。在经济社会快速发展的今天，一个国家的发展进步不仅仅要追求经济效益，更重要的是要建立团结互助、和谐融洽的社会关系。志愿服务精神正是当今社会时代精神的有力体现，对于维护社会发展进步有着重要的推动作用。大学生是一个国家的希望和未来，他们已经成为志愿服务中不可忽视的重要力量。甚至可以说，大学生志愿服务的前景决定了未来志愿服务的发展水平和质量。在中国，社会主义市场经济发展取得了可喜的成绩，但是在看到成绩的同时，也应注意到精神文明建设的相对滞后。在此背景下，国家提出建设社会主义核心价值体系，要求以马克思主义为指导思想，弘扬以爱国主义为主要特征的民族精神和以改革开放为主要特征的时代精神。以"奉献、友爱、互助、进步"为主要内涵的志愿者精神理应是和谐社会的重要组成部分。大学生志愿者服务有助于建立公正合理的经济秩序，有助于建设社会主义市场经济体制，有助于社会主义和谐社会的构建。因此，大学生的志愿者精神显得尤为重要。从理论意义而言，大学生志愿服务是促进高校思想政治教育发展的重要一环，显然应该受到足够的重视。大学生志愿服务精神的培育研究有助于高校思想政治教育的理论研究，必然为高校德育及其他理论研究奠定良好的基础。从现实意义而言，加强我国大学生志愿者精神的培育研究，推动大学生志愿服务公益精神是公益主体在实施公益行为中体现其"奉献、友爱、互助、进步"的心理态度、价值观念和人格品质，是传承中华民族美德，弘扬道德风尚和维系高校志愿服务活动发展的生命源泉。公益精神是和谐社会的精神内涵，培育大学生公益精神是当前高校思想政治教育的一个重要课题，对于大学生认识社会、成长成才与社会主义和谐社会构建具有重要的意义。志愿服务是当代大学生思想政治教育的新载体，为新形势下大学生公益精神培育工作开辟了新空间。

3.3.4.2　高校第二课堂中大学生志愿公益活动的考核设置

大学生志愿公益活动在第二课堂基础类模块社会实践与志愿服务类为必修环节，参加院、校级组织的志愿公益活动，每参加两次得 1 学分。参加省级、国家级志愿服务活动每参加一次分别得 1、2 学分。

3.3.4.3　高校第二课堂的大学生志愿公益活动案例分析

案例分析一：校外志愿服务活动基地建立。

志愿服务活动基地一：为深入贯彻党中央对群团组织在社会治理中发挥作用的重要指示精神，全面落实宜宾市委关于"推进志愿服务制度化常态化"的要求，推动青年广泛参与社区治理，某高校材料与化工专业团总支与宜宾市叙州区南岸上渡口社区举行了"青春志愿，爱在社区"结对签约仪式。本次活动主要是按照市团委和校团委的安排部署，依托"青春志愿·爱在社区"志愿服务队伍，精准对接上渡口社区群众需求，制订形成志愿服务项目清单，通过社区群众"点单"、高校团委"派单"、材料与化工专业团总支青年志愿者队伍"接单"，真正打通青年大学生服务社区群众的"最后一公里"。本次结对仪式的成功举办，让共青团将更好地组织和动员青年学子，发挥了志愿者的服务职能，激发了青年学生们的志愿者精神，为宜宾加快建成社会主义现代化的国家区域中心城市贡献青春力量。

志愿服务活动基地二：为了培养当代大学生社会实践能力和社会公德意识，弘扬中华民族敬老爱老的传统美德，帮助学生增长见识，拓宽视野，某高校材料与化工专业在宜宾市"夕阳红"老年公寓举行了大学生社会实践志愿服务基地挂牌仪式，青年志愿者队学生参与了本次挂牌仪式。

"夕阳红"老年公寓大学生社会实践志愿服务基地的建设意义非凡，不仅弘扬中华民族敬老爱老的传统美德——"老吾老以及人之老"，而且学生在服务和关爱老人的过程中获得成长，更加关注关心家里的父母长辈。这要求学生在社会实践志愿服务的过程中带着真心与真诚去体验，因为大学生社会实践作为高等学校实践教育的重要组成部分，目的在于弥补学校教育教学工作的不足，丰富和深化大学生思想政治教育的实践内容，促进青年学生在理论和实践相结合的过程中增长才干、健康成长的重要课堂。本次与"夕阳红"老年公寓签订大学生社会实践基地一事，就是在校团委的指导推动下，由材料与化工专业团总支学生会具体承担的社会实践活动，旨在深入学习贯彻落实习近平总书记关于青年成长成才的一系列重要讲话精神，贯彻落实党的教育方针，践行立德树人的根本任务，进一步丰富学生社会实践志愿服务的内涵建设，为大学生第二课堂提供教学和实践载体，推动教育教学改革和大学生社会实践活动长期化、规模化、阵地化的重要举措。

挂牌仪式结束后，志愿服务的大学生给老人们带来了丰富有趣的才艺表演，一首《灯火里的中国》让老年公寓充满了温暖，《永远跟党走》诗歌朗诵节目诠释了青年大学生学党史、感党恩、听党话、跟党走的信心和决心，精彩灵动、可爱有趣的《小人舞》给老人带来欢声笑语。表演结束后，所有人员一起合影留念，挂牌仪式圆满结束。

大学生校外社会实践志愿服务基地的建立，为青年学生提供了一个更好的学习、锻炼和交流的重要平台。基地建成后，必将对双方的合作交流创造更为便利的条件和积极的影响，将按照相关协议，抓好落地落实，积极组织学生按时按期举行各项活动，不断丰富双方交流和合作的内容，实现双赢，达到预期目的。

案例分析二：校内志愿活动。

活动一：每年的3月15日是消费者权益保护日，为了让学生了解消费者权益日，提高学生的维权意识，让学生懂得如何正确通过法律的渠道来维护自己作为消费者的权益。某高校材料与化工专业青年志愿者队开展了以"维护消费者权益，共创诚信新生活"为主题的校内宣传活动。

志愿者们向过往的学生宣传消费者权益保护知识，让同学们学习如何正确运用法律来维护自己作为消费者的权益提高同学们的维权意识，并邀请同学们写出自己在过往消费的经历中所遇到的一些问题，然后收集这些问题后续向相关领域的企业反馈，并且邀请同学参与答题活动，以答题正确率发放相应奖品，活动现场秩序良好，气氛热烈，同学们均积极参与本次活动。

本次活动向学生宣传消费者权益保护知识，呼吁学生健康科学消费，通过法律进行消费维权。让学生了解消费者权益日，以及消费者权益保护知识，通过此次活动构建了和谐诚信的消费环境。

活动二：为了让学生了解学习雷锋精神，主动传承雷锋精神，用实际行动感染身边的人。某高校材料与化工专业青年志愿队成功举办了"三月春风处处留，雷锋精神心中留"为主题的学雷锋宣传活动。

志愿者向过往的学生宣传学雷锋纪念日并向他们介绍雷锋同志的光荣事迹，邀请他们参与答题活动，以答题正确率发放相应奖品。此次活动可让学生了解学雷锋纪念日，深刻认识雷锋精神的深刻含义，了解雷锋同志的光荣事迹，立志做一个热爱祖国、无私奉献的当代青年；引导学生树立担当、责任意识，主动关注国家发展与时事新闻，主动为国家发展注入动力；引领广大青年学生不再局限于个人，应放眼祖国，从身边的小事做起，从自我做起，让雷锋精神永远传承下去。

本次活动向学生宣传了"敬业奉献、锲而不舍、艰苦奋斗"的雷锋精神，呼吁大家主动学习雷锋精神，处处发扬雷锋精神，培养乐于助人、无私奉献的高尚品德，努力营造和谐美丽、互助友爱的良好校园氛围。

活动三：为引导学生养成低碳绿色、文明健康的生活方式，某高校材料与化工专业青年志愿者队开展了以"树环境之风，迎美好明天"为主题的志愿四川，服务成都第31届世界大学生夏季运动会——青春志愿，爱在社区的校内清洁环保宣传活动。

志愿者向过往的学生分发调查问卷进行调查，并通过举办环保知识问答和垃圾分类小游戏等方式来宣传环保知识，让学生了解森林草原防火和垃圾分类的重要性，并邀请学生参与答题活动，以答题的正确率来发放相应的奖品。活动过程中学生均积极参与活动，活动现场秩序良好，参与气氛热烈。

本次活动向学生宣传了森林防火知识和校内清洁环保知识，呼吁学生在生活中积极参与垃圾分类，做好森林草原防火与校园环境清洁，并引导学生养成低碳绿色、文明健康的生活方式。增强了学生担当与责任意识，主动关注国家发展与时事新闻，主动为国家发展注入动力。

活动四：为更好地宣传志愿者精神，增强志愿团队的凝聚力，宣传"12·5"国际志愿者日。某高校材料与化工专业青年志愿者队举办了以"弘扬志愿精神，播撒爱心火种"为主题的校内公益服务宣传活动。

活动伊始，志愿者向过往的师生分发传单，宣传"12·5"国际志愿者日，传递"奉献、友爱、互助、进步"的志愿者精神。此外，还邀请过往的师生参与有关志愿者行业的基础知识问答，活动结束后，参与师生纷纷在祝福墙上留下对志愿者们的衷心祝愿。活动现场秩序良好，气氛热烈，志愿者及师生们积极参与活动。

本次活动向全校师生宣传"奉献、友爱、互助、进步"的志愿者精神，呼吁更多的青年学生加入志愿者队伍，传承和发扬志愿者精神，传递公益力量，为学院及学校营造了友爱互助的良好氛围。

活动五：为培养大学生资源回收利用观念，传递爱心，提高学生的社会责任感。某高校材料与化工专业青年志愿者队举办了以"爱心捐衣，一起同行"为主题的校内爱心捐赠活动。

活动前期，志愿者互相配合，布置活动场地。活动开始，志愿者按照值班表前往活动地点，向前来捐赠衣物的学生讲解本次捐赠衣物的去向，并向过往的学生讲解活动的目的并告知他们活动结束的时间，鼓励有闲置衣物的学生积极参加本次活动。本次捐赠活动采取自愿形式，活动现场秩序良好，志愿者及学生积极参与活动。部分志愿者对捐赠衣物进行整理打包并联系志愿者协会负责教师取走衣物，部分志愿者对活动现场进行打扫整理。

赠人玫瑰，手有余香。本次活动诠释了"奉献、友爱、互助、进步"的志愿者精神，呼吁更多的人关爱社会困难人群，传递公益力量，展现了志愿者的良好风貌。

活动六：又是一年清明时，缅怀英烈寄哀思。为引导学生积极参与爱国主义教育活动，培养学生的爱国主义情怀，继承和弘扬革命先烈的优秀品质。某高校材料与化工专业青年志愿者队开展了"缅怀先烈志，争当好少年"为主题的祭奠先烈活动。

在学校的组织下，志愿者们前往公园烈士陵园祭扫献花，志愿者们井然有序地走进抗战烈士墓碑，了解烈士们的生平故事，学习革命前辈艰苦朴素、英勇无畏的精神，在"人民英雄永垂不朽"碑前怀着崇敬的心情悼念鞠躬，向烈士敬献鲜花，并表达了对革命烈士的缅怀和敬意。

本次活动的开展厚植了学生爱国主义，让学生更加了解先烈故事和革命历史，弘扬爱国主义精神，引领广大青年学生永远感党恩、跟党走。

3.3.5　志愿公益活动相关荣誉

3.3.5.1　志愿公益活动相关荣誉评选的目的和意义

为深入学习贯彻党的十九届六中全会精神和习近平总书记关于志愿服务工作系列重要指示精神，认真落实省委十一届八次、九次、十次全会精神，贯彻落实省委关于志愿服务工作的决策部署，纵深推进青年志愿服务制度改革，激励广大青年志愿者大力弘扬

"奉献、友爱、互助、进步"的志愿精神，唱响"请党放心，强国有我"的青春誓言，凝聚实现中华民族伟大复兴中国梦的青春力量，评选在志愿服务工作中表现突出的先进集体和先进个人。

3.3.5.2　高校第二课堂的志愿公益活动相关荣誉的学分认定

大学生志愿公益活动相关荣誉在第二课堂基础类模块的社会实践与志愿服务类中为选修环节，志愿公益活动相关荣誉的学分认定标准如下：获得校级、省级、国家级优秀志愿者分别得 1、2、3 学分。

3.3.5.3　高校第二课堂的志愿公益活动相关荣誉评选案例分析

以某高校的材料与化工专业的在志愿服务工作中表现突出的先进集体和先进个人的评选为例进行简单的分析说明。

（1）评选条件。

①优秀青年志愿者服务队。

A. 工作机制健全，组织观念强，有较强凝聚力和服务力。

B. 志愿活动蓬勃发展，工作成绩显著。

C. 能保质保量完成青年志愿者总队交给的各项任务，全年未受到全校通报批评及以上的处分，在青年志愿者总队的各项评比中名列前茅。

②优秀青年志愿者。

A. 有强烈的责任心和奉献精神，认真负责、扎实肯干，有良好的品德修养。

B. 积极参加志愿服务活动，并在活动中认真完成服务任务，无私奉献、模范带头作用明显。

C. 能积极配合青年志愿者服务队开展的各项工作，很好地树立青年志愿者的形象。在志愿服务中，为我校的志愿者工作做出积极贡献。

D. 经常性参加"青春志愿"系列志愿服务活动，且年度累计参与"志愿四川"平台上发布的志愿服务活动时间不少于 20 小时。

E. 在新型冠状病毒肺炎疫情防控中表现突出的个人，可以在满足"优秀青年志愿者"的申报基础条件上优先评选。

（2）评选办法。

①名额分配。A. 团员人数在千人以上可推荐 20 名志愿者参评，团员人数在千人以下可推荐 10 名志愿者参评。B. 全校评选 3 支优秀青年志愿者分队。

②评选步骤。A. 优秀青年志愿者的评选由各二级学院团总支统一组织，按评选条件提出候选人，候选人要登录学工系统提交申请，填写相关表格，经团支部审核，报团总支和党总支审定，最后报校团委审批。B. 优秀青年志愿者分队由各二级学院青年志愿者分队提出申请，学校青年志愿者总队根据量化考核结果进行评定。

（3）奖励办法。

凡被评为优秀青年志愿者服务队和优秀青年志愿者的均由校团委张榜公示，并予以表彰。

第 4 章 第二课堂的发展类模块

4.1 文化沟通与交往能力类

本节主要内容为参加团队训练、"大学生职业发展与就业指导"课程、参加演讲、辩论比赛相关荣誉和参加跨文化交流活动，其中"大学生职业发展与就业指导"课程为必修环节，其他为选修环节，文化沟通与交往能力类模块具体课程设置如下。

4.1.1 参加团队训练

团队协作能力是企业在人才招聘中看重的素质之一，为有意识的培养学生这一能力，由二级学院学生工作办公室主导，以学生会为平台，开展多种类型的团队训练活动，包括学生干部团建、运动会、篮球赛、足球赛等，在丰富学生课余生活的同时，达到增强合作能力、团队凝聚力、专业认同感的目的。此外，针对学年的团队活动，召开学生工作会议进行总结，在保持原有效果好、延续率高的团队活动基础上，每学期增加形式不定的新活动，增加学生活动多样性，提高团队活动参与度，以此尽可能地将团队意识注入更多学生的学习和生活中。参加校级、省级、国家级团队训练每次获得1、2、4学分。

4.1.2 "大学生职业生涯规划与就业指导"课程

4.1.2.1 高校第二课堂中"大学生职业发展与就业指导"课程的目的与要求

就业是最大的民生工程、民心工程、根基工程，是社会稳定的重要保障，也是党"以人民为中心"执政理念的重要体现。将"大学生职业发展与就业指导"作为一门公共必修课纳入正常培养计划，以此提升本专科生的就业技能和创新创业能力，优化就业质量。结合实际情况及就业指导全程化的要求，为大一、大三年级学生开设就业指导课程，每个年级开课时长为 9 周 18 学时（计 1 学分）。根据学生所处阶段的不同，设置指导性较强的课程内容：针对大一年级学生，讲授内容为职业生涯规划（含专业规划、学业规划）以及企业认知，帮助学生了解行业背景，大致明确职业定位，感知自身职业技能差距，学会根据自身情况，动态调整职业目标；针对大三年级学生，讲授内容为求职指导（含简历制作、面试技巧辅导、职场礼仪等）以及就业政策和签约流程，帮助学生建立生涯与职业意识、职业发展规划、提高就业能力。

4.1.2.2 高校第二课堂的"大学生职业发展与就业指导"课程与考核设置

"大学生职业发展与就业指导"课程在第二课堂发展类模块中的文化沟通与交往能

力类为必修环节，顺利完成学习可获得 2 学分。

4.1.2.3 教学案例分析

"大学生职业生涯规划与就业指导"教学大纲。

总学时数：36 学时/2 学期。

学分数：2 学分。

适用年级：大一年级、大三年级。

适用专业：化学专业、应用化学专业、材料与化工专业、制药工程专业等。

（1）课程性质与任务。

"大学生职业生涯规划与就业指导"为全校公共必修课列入人才培养方案。课程内容涵盖了学业规划、就业规划、企业认知、求职指导、就业政策流程等，包括大学生生涯探索、生涯决策、生涯发展、就业创业的全过程。通过案例教学、课堂活动和体验、模拟实战、实地参观等方式提升大学生生涯规划能力，推动专业能力和社会工作能力的形成，提高就业竞争力。

（2）课程目标。

通过课程教学，大学生应当在态度、知识和技能三个层面均达到教育部《大学生职业发展与就业指导课程教学要求》规定的目标。

①态度层面。通过本课程的教学，大学生应当树立起职业生涯发展的自主意识，树立积极正确的就业观念，把个人发展和国家需要、社会发展相结合，确立职业的概念和意识，愿意为个人的生涯发展和社会发展主动付出积极的努力。

②知识层面。通过本课程的教学，大学生应当基本了解职业发展的阶段特点，较为清晰地认识自己的特性、职业的特性以及社会环境，了解就业形势与政策法规，掌握基本的劳动力市场信息、相关的职业分类知识以及创业的基本知识。

③技能层面。通过本课程的教学，大学生应当掌握自我探索技能、信息搜索与管理技能、生涯决策技能、求职技能等，还应该提高自我的各种通用技能，如沟通技能、问题解决技能、自我管理技能和人际交往技能等。

（3）教学计划。

时间安排：整个教学过程总课时数为 36 学时，分两学期开展，共 2 学分。

授课及学习方式：面授、讲座、社会实践相结合。

考核方式：平时作业、学期末综合作业及简历制作/模拟面试相结合考评。

教学内容和学时分配见表 4.1 和表 4.2。

表 4.1　大一学年"大学生职业生涯规划与就业指导"课程

章节	主要内容	学时分配
章节一	认识大学：初步认识大学，帮助学生感知大学生活的变化，适应大学生这一角色，更好地转变学习和生活模式，树立职业的概念和意识	2 学时
章节二	学业规划：简单介绍各个专业的培养方案，提醒学生注意毕业证、学位证的获取要求，特别关注第二课堂的学分获取。根据自己的职业目标，拟定学习计划，有目的地培养自己形成与职业目标相关的能力	2 学时

章节	主要内容	学时分配
章节三	生涯规划导论：职业生涯规划定义和内容，撕纸互动游戏引出生涯规划的意义，系统的职业生涯规划步骤	2 学时
章节四	职业方向探索：以兴趣岛屿测试引出霍兰德六种职业兴趣测试类型	2 学时
章节五	性格探索：性格的含义、性格理论、MBTI 性格理论的四个维度、MBTI 性格类型、性格与职业、气质类型与职业发展	2 学时
章节六	高校所在地环境认知：了解近年来的就业形势，尤其在疫情常态化后材料与化工相关企业的招聘需求变化，以及目前化学相关专业的发展概况和相关产业（如材料与化工、环境检测、新能源汽车、生物医药等）的发展前景。介绍目前高校所在地产业发展情况（以宜宾市为例，着重介绍天原集团、四川时代新能源等龙头企业）	2 学时
章节七	生涯决策及职业生涯目标的确立：生涯决策的定义、内容及过程，影响生涯决策的因素；决策选项评估（6 顶"思考帽"）及决策工具的使用（生涯决策平衡单、SWOT 分析）；职业生涯目标确立的意义，目标的分解和设定遵循的原则	2 学时
章节八	行动与再评估：职业生涯规划书的撰写，包含撰写内容和注意事项以及动态调整策略	2 学时
章节九	职业生涯规划书撰写分享：职业生涯规划书示例，学生自我展示职业生涯规划，师生共同互动，针对展示内容提出修改建议，助力其正确达成职业目标。对职业规划书撰写常见问题进行总结	2 学时
合计		18 学时

表 4.2　大三学年"大学生职业生涯规划与就业指导"课程

章节	主要内容	学时分配
章节一	就业信息的获取：就业信息的内容，收集就业信息的渠道就业信息的处理。推荐相关求职网站和国家 24365 大学生就业服务平台，指导学生学会筛选、辨别就业信息	2 学时
章节二	学校就业工作程序：介绍学校就业中心及其相关职能，介绍学院主管学生就业负责人以及业务范围。让学生明确在"就业信息搜索—简历投递—面试—与用人单位签约—就业去向落实"这一完整就业程序中，学校及学院涉及的就业工作环节	2 学时
章节三	求职就业准备：包含材料准备、心理准备，求职过程的关键思维，简历制作中的核心逻辑。讲解个人简历中应该涵盖的内容，指导学生完成个人简历的撰写	2 学时
章节四	简历制作实战：列举多份简历，和学生在课堂上进行互动交流，对列举的简历进行优化。学生进行简历制作，收集学生的个人简历并提出修改意见	2 学时
章节五	面试辅导：介绍目前面试的主要种类，面试考察 5 大要点，面试前的相关准备，常见的面试问题及应对方法	2 学时
章节六	面试实战：讲解面试着装要求，再给定一个具体的就业情景，分小组，组内分角色（人事经理、面试官、面试者）进行传统一对一面试实战，也可分组给定面试主题进行无领导小组面试，根据学生的具体面试情况提问并做总结点评	2 学时

章节	主要内容	学时分配
章节七	沟通表达和职场礼仪：如何达成有效沟通，迅速融入社会需要注意的 6 个职场礼仪	2 学时
章节八	就业决策：讲解公招考试、考研、就业的方向选择，告诫学生全面考虑，不要盲从、随大流的加入考研、公招考试大军	2 学时
章节九	就业类讲座：开展就业大讲堂，邀请就业、考研和公招考试的校友分享个人经历，增强就业信心，促进学生高质量就业	2 学时
合计		18 学时

（4）教材与学习资源。

①《大学生职业规划与就业指导》（主编：朱德全。出版社：四川教育出版社）。

②高校学生手册。

③高校相应专业培养方案。

（5）教学策略与方法。

以教师为主导，以学生为主体进行教学。采用课堂讲授的方式，通过案例讲解定义、概念、理论等知识，形成对生涯问题的理解，运用生涯量表对学生自我探索提供机会。采用讨论式教学法探索开放性问题，教师提出需讨论的问题后，由学生采用分组讨论形式进行思考、探索和解答。采用团体或拓展的游戏帮助学生从小活动中发现问题，解决问题。

（6）考核方式建议。

考察：平时成绩 40%，期末成绩 60%（综合作业 30%，实战作业 30%）。

4.1.3 参加演讲、辩论比赛相关荣誉

以演讲、辩论比赛为载体，提升学生语言表达和文化素养，在获得相关知识和荣誉的同时，也形成了同辈激励机制，促进学生发展。紧扣时代发展，开展以"青春喜迎二十大，资助伴我向未来""不忘入团初心，牢记青春使命""劳动开创未来，奋斗成就梦想"等为主题的演讲比赛，结合自己的亲身经历，讲述国家助学政策给大学生带来的帮助，让学生深入了解国家资助政策及成效，表达对党和国家的感激之情。回顾中国共产党百年历程重大事件，讲述身边优秀共青团员的先进事迹，从当代青年出发，做好思想政治引领，坚定共青团员的理想信念，激发广大青年学生的爱国热情。通过讲述王进喜、时传祥和为国效力的成边战士等在新时代立足岗位奋力拼搏的精彩故事，树立正确的劳动观念和劳动态度，展现大学生劳动精神风貌。开展专业相关的辩论赛，以材料与化工专业为例，将"新能源汽车该不该推广使用"作为论题，在聚焦行业热点的同时，也能锻炼学生的逻辑思维能力和语言表达能力。参加者可获得 1 学分，获得校级、省级、国家级荣誉再加 1、2、3 学分。

4.1.4 参加跨文化交流活动

跨文化交流是发生在不同文化背景的交际者之间的一种行为，有助于拓宽高校学生

视野，营造多元学术文化氛围。高校众多外籍教师是跨文化交流的资源之一，举办外籍教师系列讲座，既可帮助学生获得新认识，也可为跨文化教学活动奠定良好基础。此外，从帮助高校大学生提升英语口语水平角度出发，开展"外教面对面"分享交流会，学生同外籍教师沟通，了解不同国家的语言文化与风俗习惯，在解决外语学习问题的同时，也能对中国传统文化进行输出，增强学生国际化交流能力。另外，目前众多高校签订校际合作协议，使得"访学""交换生"成为一种新的跨文化交流活动模式，将两所学校培养方案相近的专业作为访学专业，从教学条件落后的学校中挑选几名成绩优异的学生去到合作学校，进行为期 1～2 年的访学交流，增加个人经历厚度，助力学生全面发展。参加跨文化交流活动每次可获得 1 学分。

4.2　社会工作与领导能力类

高等教育的最终目的是培养促进社会发展的建设者，是参与社会实践的行动者，是担当民族伟大复兴重任的时代新人。因此，大学生应该具备参与实践的社会工作与领导能力。在第二课堂中，社会工作与领导能力类归属于发展类模块，是第二课堂的选修内容。本节主要内容为学生干部、优秀团员、优秀团干、三好学生、优秀学生干部、社会工作相关荣誉和职业资格、技能培训等，社会工作与领导能力类模块具体课程设置如下。

4.2.1　学生干部

4.2.1.1　学生干部的概念

高校学生干部是指在校大学生中选拔优秀的学生成为各级党团组织、学生会、班委会以及其他正式学生团体干部，并具有组织、协调、执行学校在教育、管理、服务等方面工作的职责，是学校与学生沟通的桥梁，在学生的自我教育、自我管理、自我服务方面发挥了重要作用。由于学生干部通过职位的实践锻炼，能更注重提高自身的领导能力和实践能力，有意识地带动身边的同学一起进步，因此，学生干部经历会开阔大学生的眼界，实现个人思维向组织思维、局部思维向全局思维的转变，促进大学生在理论学习、实践锻炼、情感态度和心理承受等多方面发展，最终提高了大学生的组织和领导能力。一般来说，学生干部是高校的学生骨干，无论是在思想道德修养、学习成绩还是在实际工作能力方面都具有自己的优势。因此，学生干部经历成为大学生社会工作与领导能力的重要参考之一。

4.2.1.2　学生干部的构成与学分设置

高校学生干部岗位分布于学校教育体系的各个层级，从类别上划分，常见的有以下四种：一是学生党组织干部，包括学生党支部（副）书记、宣传委员、组织委员、纪检委员等；二是学生团组织干部，包括校（院）团委、团支部任职的干部，下设组织部、宣传部、素质拓展部、青年志愿者队、艺术团等；三是学生会干部，包括校（院）学生会任职的干部，下设主席团、办公室、学习部、生活部、科技部、文体部、宣传部、新闻部、学生权益部等；四是学生社团联合会与学生社团协会内部干部，学生社团联合会干部包括主席、副主席、部长等，学生社团（协会）干部包括、副社（会）长等。学生干部主要指相关部门的负责人，不包含干事。从层级上划分有三个层级，即校级学生干部、院级学生干部、班级学生干部。校级学生干部直接对接学校上的任务安排，在学生干部体系中具有统筹全校学生相关工作的职责；各院级学生干部则负责各学院的学生工作；班级学生干部直接联系与服务管理班级学生，包括班长、副班长、学习委员、纪律委员、文体委员、生活委员等。

从工作难度和对学生的能力要求来看，校级学生干部大于院级学生干部，院级学生干部大于班级学生干部，因此，第二课堂的学生干部加分要根据校、院、班3个层级进行划分。当选的学生干部经考核合格后，校级、院级、班级学生干部分别得3、2、1学分，学生干部不重复加分，以最高分为准，若有学生同时担任校级、院级、班级学生干部，则以校级为准得最高分3学分，以此类推。

4.2.1.3 案例分析

案例分析一：校团委和学生会。

当选学生干部要配合学校相关部门履行教育、管理、服务学生群体的职责，学生干部涉及的工作职能较多，下面以校团委、学生会的干部为例，对学生干部的构成、职能等方面进行简要阐述。

校团委、学生会是在高校联系广大学生的桥梁和纽带，有了校团委和学生会，学生的诉求与意见快速有效地传达给学校，并参与学校管理与学生工作，以更民主的角度，促成一系列规定与措施来贴合学生的实际利益与需求。

（1）校团委。

①秘书处。它是校团委联系校内外学生组织的重要枢纽，也是校团委各部门间的重要纽带。主要负责校团委及二级学院团总支的日常工作事务，对团委各部门及二级学院团总支工作的协调与监督，承接各项重要团学活动。同时，为青年团员和团委的发展出谋划策，以严谨务实的态度保证团委各项工作井然有序、高效稳健地开展。

②办公室。它负责整理校团委各类资料，书写文件，辅助教师和学生干部各项工作的职能。办公室是校团委的关键部门和核心部门，它有着分配团委各部门各项工作的职能。办公室的主要工作分以下几点：辅助教师完成工作；整理资料，书写简报，起草文件，制作表格，整理物资等；负责分配团委各部门工作，使各个部门分工明确，高效率完成团委各项工作；负责通知各部门开会、总结等；负责每学期期末整理各二级学院的加分单，协助各二级学院组织学生活动。

③组织部。它是校团委下设的负责全校共青团员思想教育、各级团组织的建设及各级团干培养和考核的职能部门。工作主要职能：团的基层组织、团干部及广大团员情况的统计；团员发展、注册及团籍管理、团费收缴；定期了解团员和团员干部的思想状况，做好学生的量化考核、鉴定工作；配合校团委领导搞好全校团员的组织建设、思想建设，以及"推优"工作；配合校团委定期培训团员干部，以及相关的团组织生活评比；在每学年下学期组织各二级学院进行团员活动观摩评比等。

④校团委青年志愿者总队。它是高校青年大学生"奉献爱心、服务社会、实践人

才"的组织。秉持"立足学校，服务社会"的宗旨，以"为他人送一份温暖，为社会尽一份责任"为原则，以统筹协调校内外各项志愿服务活动为主要工作。发扬"奉献、友爱、互助、进步"的志愿服务精神，带领全校各二级学院志愿者团队共同发展。

⑤学术科技中心。它隶属于校团委，是一个充满热情与活力的部门，主要负责全国大学生学术科技作品竞赛、"创青春"竞赛这两大赛事的开展，同时也会不定期组织安排一些其他丰富有趣的学术实践活动。学术科技中心致力于为本校学生营造良好的学术交流和学习的氛围，鼓励大学生自主创新创业，为本校学生与外校的学术交流搭建平台。

⑥校团委青年媒体中心。它是校团委直属领导的青年大学生新媒体实践组织，由校团委指导和管理，负责校团委活动的宣传。青年媒体中心帮助大学生提高运用新媒体能力，促进学校各级团组织更加聚焦运用新媒体来教育、引导青年学生。主要负责的工作有校团委官方网站、官方微博、官方公众号等日常内容更新、采编；校团委活动新闻编辑，文艺稿验收；校团委各项活动的拍摄记录、视频制作及后期处理等工作；采集时下热点及党团新思想动态、收集各二级学院团组织思想汇报进行评估；校团委各项活动海报设计、图片素材加工、配图及排版设计。

⑦社会实践中心。它是校团委下设的一个职能部门，是在校大学生联系社会、社会实践的重要平台，也是大学生了解社会、认识国情的桥梁和纽带。而社会实践是大学生增长才干、奉献社会、锻炼毅力、培养品格的重要途径。该部门以"实践自我，服务同学"为原则，积极开展各项工作，主要工作是组织全校学生开展丰富的社会实践活动，鼓励各二级学院创建社会实践基地，并组织同学在基地进行实践活动，创建优秀暑假社会实践团队，负责暑假"三下乡"选拔和开展工作等。其旨在激励学生投身社会实践，培养青年学生奉献精神和开创精神，使其在社会实践中不断充实、完善自我，提高社会责任感和科学实践能力。

⑧社团管理部。它负责全校学生社团管理工作，指导二级学院组建新社团，受理新社团成立申请和有关登记及审核批复工作，负责学生社团的组织建设、指导和管理。该部门负责建立和完善学生社团年审制度，并严格实行集中公示公告学生社团年审情况。

（2）院级学生会。

根据《关于推动高校学生会（研究生会）深化改革的若干意见》要求，学生会采取"主席团＋工作部门"架构模式，其中院级"主席团"成员人数不超过 3，学生会"工作部门"不超过 6 个（办公室、学习部、科技部、文体部、新闻部、学生权益部），各工作部门负责人不超过 3 人，主体团成员及各工作部门负责人的任职期限为 1 年。

①主席团。它实行轮值制度，执行主席以学期为轮值周期由主席团成员轮值担任，负责召集会议、牵头学生会日常工作。具体职责：代表学生会参加有关会议、报告工作、提出意见建议，反映学生的需求和困难；组建学生会工作部门，制订各工作部门的职责；参与选拔、培训和指导学生会工作人员；制订并组织实施学生会工作计划；根据学生会工作计划向同级团组织申请工作经费，并在团组织指导下做好经费的使用和管理；召集学生会工作会议。

②办公室。它是学生会内部的协调枢纽，负责学院各部门的建设与交流，维持各部

门之间的正常运作。具体职责是收录、整理和管理学生会各部门文件。具体内容如下：活动策划书、活动总结、活动照片、活动简报及采购单等；统计学生会成员信息、整理与汇总每个月的工作简报；负责每周一次的学生会干部例会的签到和会议记录；进行学生活动室值班安排，并每周不定期抽查值班人员工作情况；考核各部门活动，并进行打分；协助评优评奖，进行录入操行分；协调各部门之间的交流与合作，促进各个部门的工作高效率完成。

③学习部。它是学生会下设的负责引导学生学习观念，营造学院学习氛围的职能部门。具体职责：负责与各班学习委员沟通交流，了解学生的学习状况；负责本学院英语四、六级考试，计算机二级考试，以及普通话考试的准考证、成绩单及证书的发放；完成新生学生证的办理与发放，以及学院的学生证补办工作；配合学院教师完成早读晚练相关工作，按时到岗检查各班早读晚练开展情况；负责举办本学院的各类师范生技能大赛；负责协助学校和学院的教务部门开展材料与化工专业相关的报告会、学术交流会等学习活动；负责学生会承担的相关学习、培训工作的策划、组织和具体开展。

④科技部。它是学生会下设的负责学术科技与创新创业活动的重要部门，是学生了解社会的重要桥梁。具体职责：配合创新创业俱乐部完成"挑战杯""创青春"等活动；通过线上线下相结合的方式，举办成果展览展示、项目对接、创业培训活跃"双创"氛围，提升"双创"科技含量，宣传创新创业知识；配合学校科技部开展活动，负责收集报名表、参赛作品和后续相关事宜。

⑤新闻部。它主要负责学院学生活动信息的推送，是学生会的"宣传委员"。具体职责：定期收集班级文艺稿和微信推文；运营学院的官方 QQ 和微博，推送校内外热点新闻资讯；对学院举办的各类讲座和活动进行拍照摄影，并保存图片影像资料；修订新闻稿的内容及表述；撰写学生会学期工作计划和年度工作总结。

⑥文体部。它是学生会下负责各类文艺体育活动的策划、筹备和组织工作的部门。具体职责：负责并配合校文体检查早操出操情况，组织学生有序进行早操活动；配合校文体的工作，辅助学校篮球赛、足球赛等活动的开展；开展"趣味运动会""欢送杯"篮球赛等活动，增进学院学生情感。

⑦学权部。它是学生会的一个重要组成部分，主要负责与学生切身利益有关的工作。具体职责：协助学院教师完成"奖勤助贷补"方面的工作。初步审核学生提交的家庭基本情况调查表，并协助学生修改填写错误的内容；初步审核学院学生的国家助学金、国家励志奖学金、国家奖学金、大学生自强之星、均平奖学金等各种奖学金材料，并发放相关证书；勤工助学岗位消息的通知传达；各项荣誉证书的发放，如"三好学生""优秀学生干部""优秀毕业生""优秀班集体"等；协助完成大学生退役复学、社保卡信息等的统计；完成学校发布的有关资助方面的微视频拍摄，组织资助培训会、国家奖学金和国家励志奖学金分享会等学生活动；完成学校的各种关于食堂、图书馆等保障学生权益的相关问卷调查。

案例分析二：学生干部的选拔与考核。

由于学生党组织干部、团组织干部、学生会干部及社团干部选拔面向的是各组织、各部门内部的干事或成员，因此成为学生组织的干事是参与干部选拔的首要条件。除此之外，参选学生还需具备以下条件：

①选拔条件。思想上，热爱祖国，拥护中国共产党，思想积极要求上进，理想信念坚定，积极弘扬和践行社会主义核心价值观；纪律上，遵守校纪校规，有较强的组织纪律观念和团队意识，无任何违法违纪行为，在同学中有较高的威信；工作上，积极主动，有主见、有思路，有开拓创新意识和团结协作精神，具备较强的语言表达能力、组织协调能力、沟通能力和应变能力，对竞选部门有较深的理解和认识，有强烈为同学服务的意识；学习上，参选学生应该学有余力、学业优良，学习成绩综合排名在本专业前30％以上，原则上必修课、选修课无补考、无重修情况；其他要求：身体素质好，心理健康，面对困难、挫折具有一定的承受能力和自我调节能力，勇于挑战、勇于创新；学生党员、预备党员优先考虑。

②参选流程。有意竞选下一届学生干部的干事可根据校级和院级的学生干部换届选举的竞选条件，填写申请表。经过组织负责人审核通过后可参与首轮面试，首轮面试通过后在团员代表大会以及学生代表大会上发表竞选演讲，由大会成员进行投票，选出下一届学生干部。投票结束后由校（院）级进行公示，公示时间结束后有 3 个月试用期，试用期考核合格者成为学生干部，表现不合格者根据有关规定予以辞退，并重新选举学生干部。班级干部的选拔主要通过班会选举，班主任监督选举流程。班级干部参选对象为全班学生，参选程序为有意愿的学生自主上台发表竞选演讲，全班同学进行民主投票，票高者竞选成功。

③学生干部考核。这是判断学生是否履行干部职责的重要方式，也是第二课堂评分的依据。在高校学生干部群体中存在优先考虑个人利益，责任意识薄弱的问题，部分学生干部长期处在一个管理者的位置，极易产生心浮气躁、急功近利的工作态度，做事敷衍，忘记为同学服务的初衷。也有部分学生动机不纯，把干部经历当成自己获利的跳板，通过当选学生干部来丰富自己的履历，增加就业资本，或者凭借干部的身份在评优评奖、入党、保研等方面占据优势。此外，大学生自身实践经验不足，极易受社会风气的影响，部分学生干部的理想信念不够坚定，易受不良思想的侵害，在思想上偏离主流价值观。因此，强化学生干部考核有助于纠正学生的错误思想，规范学生行为，提高学生办事能力。学生干部考核内容包括工作业绩、工作作风和学习成绩进行综合评估，考核方式有教师考评、干部互评、全体同学评价、干部自我反省等多个评价方式，考核时间采用短期考核和长期考核相结合，如学生会主席团成员及下设各部门负责人每个月要向指导教师汇报工作情况、每学期要向学生代表评议会进行述职，班级干部每月要向全班学生及班主任汇报近期工作情况，每学期要进行工作总结。对考核未达到要求或其他无法正常履行职责的学生干部，予以辞退、免职或罢免，防止出现"才不配位"的情况。

4.2.1.4　担任学生干部的现实意义

学生干部通过参与高校教育、管理、服务工作，受到合作精神、团队意识的影响有助于提高自身的领导力。

（1）有助于提高大学生的人际交往能力。

学生干部通过组织各种活动能拓宽人际交往范围、提升人际交往技巧，从而提高人际交往能力。一方面，学生干部组织各种学生活动，能认识校内校外人员，交往对象从寝室室友、班级同学到全校各年级学生，甚至扩大到其他学校学生和社会领域的人。随着交往范围的扩大，大学生能接触到更多不同类型的人，在与不同人交往的过程中，能促进大学生提高自我认知水平，开阔眼界，增加不同领域的知识储备，为以后的发展夯实基础。另一方面，干部实践能强化大学生与人交往的技巧锻炼。干部实践是大学生锻炼人际交往能力的重要途径，通过与不同社会领域、文化层次、沟通习惯、性格类型的人交往，能使大学生摆脱以自我为中心的人际交往习惯，将人际交往重心逐渐转变为交往对象，学会捕捉和运用对方的个人特点和情感意志，实现有效沟通。锻炼大学生的人际交往技巧，有助于提高大学生人际交往的质量和应对未来复杂人际交往的能力。

（2）有利于提高大学生的提升团队合作能力。

团队合作能力是指学生干部带好队伍的能力。学生组织是一个团体，团体中有不同的部门以及相应的干部、干事，每一个工作的开展都需要多人共同完成，因此，团队合作是学生干部完成工作的主要方式。一方面通过学生干部实践，能引导大学生树立团队意识，正确处理个人利益和团队利益的关系，坚持优先建设和发展团队；另一方面，有助于培养大学生树立团队共同奋斗意识，通过激发团队成员在学习和工作上的热情和积极向上的欲望来加强团队力量，培育和强化大学生的团队建设能力。同时，干部实践也会促进大学生维系团体秩序，促进团体团结友爱、安定有序的能力。

（3）有助于提高大学生的提升沟通协调能力。

沟通协调能力是指通过沟通协调团体组织及成员在活动中的相互关系，实现分工合理、团结一致的领导能力。学生干部在实际工作中需要协调部门、调动人员去实现工作目标，因此，通过学生干部实践有助于提高学生的沟通协调能力。一方面团队合作的工作方式能够引导大学生树立沟通协调的意识，认识到个人能力的有限，需要协调各方力量实现工作目标；另一方面能提高大学生处理内部成员关系的能力，做好有关协调工作，自觉提高工作协调的主动性。同时，学生干部参与沟通协调的过程中也会遇到成员不配合的情况，因此，干部实践也会促进大学生包容力的培养和提升。

4.2.2 优秀团员、优秀团干、三好学生、优秀学生干部、社会工作相关荣誉

4.2.2.1 优秀团员、优秀团干、三好学生、优秀学生干部、社会工作相关荣誉的意义

高校的评奖评优工作在促进大学生全面发展中具有重要地位，是思想政治教育的重要环节和载体。评优评奖的实质是选拔，其目的是激励。选拔即选出思想端正、品德良好、作风先进、成绩优异等各方面表现优异的学生。激励则指通过一定的方法和措施，激发人的潜力，使其充分发挥主观能动性。评优评奖中的激励主要是通过表彰优秀的学生来引导全体学生向正确方向发展。而评奖评优将思想政治教育中人应具有积极思想、优秀品质等积极因素作为考评标准，这有利于激发大学生的自我促进和发展的正能量。因此，高校的评优评奖在思想政治教育中起到一个激励和引导作用，是思想政治教育的重要环节和载体。

4.2.2.2 考核设置

评优评奖经历是第二课堂的选修内容，考核内容涉及优秀共青团团员、优秀共青团

团干部、三好学生、优秀学生干部、社会工作等相关荣誉，其中国家级奖励可获得 3 学分、省级奖励可获得 2 学分、校级奖励可获得 1 学分。

4.2.2.3　本节内容主要阐述校级评优评奖的案例分析

各级团组织为营造弘扬先进、学习先进的良好氛围，进一步推动共青团工作的全面发展，对先进个人和集体进行表彰，优秀共青团员、优秀共青团干部属于个人表彰，评选活动每年 1 次。

案例分析一：优秀共青团员评选。

团籍在学校 1 年以上的在校学生，才有评选资格，且党员不参与评选，除此之外还需满足以下要求：

①信仰方面，具有较高的思想觉悟和政治道德素质，思想上积极要求进步，胸怀共产主义远大理想和中国特色社会主义共同理想，带头传承中华优秀传统文化，拥有较强的民族自尊心、自信心、自豪感。

②政治方面，坚决拥护党的领导，带头学习党的科学理论，学习习近平总书记对青年的希望和要求，增强"四个意识"、坚定"四个自信"、做到"两个维护"。积极参加并完成每学期的"青年大学习"网上主题团课。

③德行方面，带头学习并践行社会主义核心价值观，积极传播青春正能量，勇于和不良言行做斗争。

④纪律方面，遵守团章团纪，积极主动履行团员义务，正确行使团员权利，按期交纳团费，按时过团组织生活，积极参加团组织的活动，做到不缺席、不迟到，在各项活动中起模范带头作用。

⑤实践方面，积极参与志愿服务、社会实践等社会活动并且表现突出。经常性参加"青春志愿"系列志愿服务活动，参与"志愿四川"平台上发布的志愿服务活动年度累计时长不少于 20 小时。

⑥学习方面，刻苦学习科学文化知识，具有严谨的学习态度，学习成绩优秀，全年无补考情况。

⑦能力方面，崇尚实干、努力工作，立足本职创先争优、建功立业，业务能力和工作实绩突出，团结带动青年学生作用明显。年度教育评议结果为优秀等次。

案例分析二：优秀共青团干部评选。

担任团干部时间必须在 1 年以上才有评选资格，党员担任团干部职务可参评优秀共青团干部，除此之外还需满足以下要求：

①政治方面，对党忠诚，具有较强的政治判断力、政治领悟力、政治执行力，在大是大非面前头脑清醒、立场坚定，自觉增强"四个意识"、坚定"四个自信"、做到"两个维护"。

②思想方面，坚定共产主义远大理想和中国特色社会主义共同理想，自觉用习近平新时代中国特色社会主义思想武装头脑，带头学习贯彻习近平总书记关于青年工作的重要思想。积极参加并完成每学期的"青年大学习"网上主题团课。

③能力方面，注重提高青年群众工作本领，勤于思考钻研，善于开展理论政策宣讲和思想引领。在工作中积极努力，具有较高的组织协调能力，能组织、带领团员青年积

极开展团组织的活动，有力地促进班风、学风建设。

④担当方面，热爱党的青年工作，有强烈的事业心和责任感，勇于改革创新。面对"急难险重新"任务冲锋在前、迎难而上，对错误言行和不良习气敢于坚持原则、驳斥斗争。成为网络文明志愿者，积极参加构建清朗网络空间。

⑤作风方面，心系广大青年，带头密切联系青年、热心服务青年、反映青年呼声。

⑥实践方面，经常性参加"青春志愿"系列志愿服务活动，且年度累计参与"志愿四川"平台上发布的志愿服务活动时长不少于20小时。

⑦纪律方面，带头贯彻中共中央八项规定和共青团中央"六条规定"精神，遵纪守法、廉洁自律，勇于开展自我批评，自觉接受组织和团员的监督。

⑧评选方式上，优秀共青团员和优秀共青团干部的评选，由各二级学院团总支根据学校分配的评选名额统一组织。以支部为单位，按评优条件提出候选人，并实行差额选举。各支部的评选名单报团支部审核，报团总支和党总支审定，审定后进行3个工作日的公示，最后报校团委审批。

案例分析三："三好学生"评选。

"三好学生"是指"政治思想好""学习好""身体好"的学生。"三好学生"的培育目标是促进学生的全面发展，在不同的时代有不同的社会要求，毛泽东同志于1953年6月30日对青年团的工作方向做出了"身体好，学习好，工作好"的指示，后来演化为"政治思想好""学习好""身体好"的"三好"学生评定标准。校级"三好学生"评定是以学生上一学年的表现情况为参考，每学年评定1次，评定时间为每年秋季（一般为10月），评选范围是已注册的大二年级以上（含大二年级）的全日制在校本专科学生。

（1）名额分配。

"三好学生"评定名额不超过学生人数的10%。优秀班集体评选"三好学生"名额为该班学生人数的15%，优良学风班评选"三好学生"名额为该班学生人数的20%。

（2）评选条件。

①思想政治上，热爱中华人民共和国，拥护中国共产党的领导，政治立场坚定。

②纪律上，遵纪守法，遵守学校各项规章制度，诚实守信，道德品质优良，无处分记录和相关不当言行。

③学习上，各门课程成绩优良，各门课程考试均无不合格记录，课程成绩排名居同年级本专业前30%。

④身体素质上，身体健康，体育成绩达到国家规定的锻炼标准。

（3）评选程序。

①申请。"三好学生"评选采取自行申请方式。学生对照相应的评选条件，在规定时间内登录系统申请参评，并填写相关表格。

②评选。班级对提出申请的学生进行认真评议，坚持公开、公平、公正的原则，提出本班"三好学生"候选人；各学院学生工作领导小组对各班提出的候选人进行审核，并拟定"三好学生"人选。

③公示。各学院在本单位公示栏公示入选名单，公示时间不少于3个工作日，公示无异议后报学生工作处学生管理科。

④评审。学生工作处对各学院初审的"三好学生"进行评审，确定获评学生名单，并行文公布。

案例分析四：优秀学生干部评选。

优秀学生干部是在高校各级学生党团组织、学生会以及各类学生社团中的优秀干部，是学生中的模范标兵。优秀学生干部必然是在思想道德、工作能力、学习情况、行为表现等多方面都表现优异的学生。校级优秀学生干部评定是以学生上一学年的表现情况为参考，每学年评定 1 次，评定时间为每年秋季（一般为 10 月），评选范围是已注册的大二年级以上（含大二年级）的全日制在校本专科学生，并担任小组长、寝室室长、班委干部、团支委干部、学校或学院学生干部等，任职满 1 年及以上（以学年度各学院、有关部门在学生信息化管理系统中备案的学生名单为准）。

（1）名额分配。

优秀学生干部按各学院学生干部人数的 10％进行评选。优秀班集体评选优秀学生干部名额为该班学生干部人数的 20％。优良学风班评选优秀学生干部名额为该班学生干部人数的 25％。

（2）评选条件。

①思想政治上，热爱中华人民共和国，拥护中国共产党的领导，政治立场坚定。

②纪律上，遵纪守法，遵守学校各项规章制度，诚实守信，道德品质优良，无处分记录和相关不当言行。

③学习上，各门课程考试均无不合格记录。

④工作上，积极主动，责任心强，坚持原则，勇于同歪风邪气做斗争，团结同学，能以身作则，并起模范带头作用。

⑤其他条件，对违纪行为如实、及时上报，知情不报者取消评选资格。

（3）评选程序。

①申请。"优秀学生干部"评选采取自行申请方式。学生对照相应的评选条件，在规定时间内登录系统申请参评，并填写相关表格。

②评选。班级对提出申请的学生进行认真评议，坚持公开、公平、公正的原则，提出本班"优秀学生干部"候选人；各学院学生工作领导小组对各班提出的候选人进行审核，并拟定"优秀学生干部"人选。

③公示。各学院在本单位公示栏公示入选名单，公示时间不少于 3 个工作日，公示无异议后报学生工作处学生管理科。

④评审。学生工作处对各学院初审的"优秀学生干部"进行评审，确定获评学生名单，并行文公布。

案例分析五：社会工作相关荣誉。

社会经济发展对应用型人才提出更高的要求，自 2015 年国家发展和改革委员会、教育部、财政部联合发布《关于引导部分地方普通本科高校向应用型转变的指导意见》以来，各大高校不断推动"校地、校企"合作，强化对学生社会专业能力的培养。第一课堂的培养学生社会工作能力的方式主要是实习，包括见习、生产实习和毕业实习等实践性教学环节，第二课堂作为第一课堂的补充和延伸，在培养学生社会工作能力方面主要通过开展科技活动、学科竞赛、创业训练等实践活动培养学生创新创业精神和实践能力。第一课堂和第二课堂的教学内容递进交叉、相互补充，能培养具有社会责任感高、实践能力强的应用型人才。实习虽然归属于第一课堂，但也与第二课堂不可分割，因此"优秀实习生"荣誉也属于第二课堂的考察内容，同时，创新创业能力是大学生发展的核心实践能力，因此"创新创业优秀学生干部"和"创新创业先进个人"也可归为社会工作相关荣誉。

某高校的"优秀实习生"的评定如下：

（1）评选条件。

①按规定圆满完成各项实习任务，实习成绩为优秀。

②实习手册填写认真、真实且具有一定水平。

③自觉遵守学校和实习单位工作纪律及规章制度。

④实习中表现出色，工作突出，成绩优异，实习出勤率100%。

（2）评选程序。

①实习指导教师根据实习生表现，在征求实习基地指导教师、学院、实习领导小组及学生意见的基础上，根据评选条件，提出初步人选，填写《校级优秀实习生推荐表》，经学院负责人签署意见后，报教务处复核。

②教务处复核后，报分管校长审批。

（3）评选比例、时间及要求。

①学院内部可自主评选学院优秀毕业实习生，其比例原则上不超过15%；向学校推优比例原则上不超过10%。

②学院应在实习结束后2周内，向教务处提交拟推荐校级优秀实习生名单及相关材料。

4.2.3 优秀共产党员、最美新青年、大学生自强之星

4.2.3.1 优秀共产党员

大学生党员是党员群体中的新生力量，其先锋模范作用的发挥对促进高校思想政治教育的和学生全面发展具有重要意义。大学生成为党员也有助于促进学生的全面发展。大学生党员作为学生中的优秀分子、活跃分子，他们积极奋发的学习、工作态度可以潜移默化地影响其他学生。因此，第二课堂将获得"优秀共产党员"荣誉称号作为课程的考核内容，其中国家级、省级、校级"优秀共产党员"分别可获得3、2、1学分。

优秀共产党员是指在政治、思想、纪律、工作、作风方面以高标准要求自己，做事情以身作则、率先垂范，严于律己，在工作和生活中能起到带头作用的共产党员。《中国共产党党内功勋荣誉表彰条例》明确规定："对模范履行党员义务，正确行使党员权利，自觉遵守党的纪律、在生产、工作、学习和社会生活中带头发挥先锋模范作用的正式党员，可以表彰为优秀共产党员。"某高校"优秀共产党员"评选如下：

（1）评选条件。

①深入学习贯彻习近平新时代中国特色社会主义思想，增强"四个意识"、坚定"四个自信"、做到"两个维护"。

②自觉遵守党章，理想信念坚定，对党绝对忠诚，模范履行党员义务，正确行使党员权利

③坚守初心使命，践行根本宗旨，勇于担当作为，在本职岗位上务实苦干，在服务师生中无私奉献，在工作、学习和社会生活中带头发挥先锋模范作用，关键时刻冲得上去、危难关头豁得出来

④清正廉洁，品德高尚，受到党员、师生员工广泛赞誉。

（2）评选对象。

在校正式党员。

（3）评选程序。

①各党总支（直属党支部）根据本总支实际自愿申报先进党总支；要严按照议事规则，根据建议推荐名额，坚持公平公开公正的原则，严格标准、条件和程序，组织推荐优秀共产党员并进行政治把关。优秀共产党员填写优秀共产党员推荐审批表材料报党委组织部。

②党委组织部部务会根据个人的政治表现、工作表现、工作实绩等情况，择优研判提出拟表彰优秀共产党员建议名单，建议名单报党委常委会研究确定拟表彰对象。

③党委组织部汇总后分别向党委学生工作部等相关部门去函了解推荐对象有无违规违纪、受到纪律处分、考试不及格、学术不端等情况。

④对拟表彰对象进行不少于 5 个工作日的公示。

⑤经公示无异议后，做出"七一"表彰决定。

4.2.3.2　青年先锋

青年是国家发展的希望，青年先锋更是青年群体中的佼佼者，在社会发展中有着重要的引领作用。习近平总书记在纪念五四运动 100 周年大会上指出："无论过去、现在还是未来，中国青年始终是实现中华民族伟大复兴的先锋力量！"这一论断深刻的阐释了青年群体在社会发展中的地位和作用。世界卫生组织对青年年龄最新划分为 15～44 周岁，大学生处在青年阶段的发展初期，正是积极向上，蓬勃发展的年纪。在第二课堂中获得"青年先锋"荣誉也可以加学分，其中国家级、省级、校级"青年先锋"分别可加 3、2、1 学分。评选条件、评选程序也以某高校材料与化工专业为例。

（1）评选范围。

全校青年学生。

（2）评选条件。

①坚决拥护中国共产党的领导，理想信念坚定、道德品质高尚，在青年群体中享有较高声誉。

②努力践行习近平总书记对青年提出的"树立远大理想、热爱伟大祖国、担当时代责任、勇于砥砺奋斗、练就过硬本领、锤炼品德修为"要求，具有突出的工作实绩和良好的社会影响，遵纪守法，作风正派。在热爱祖国、爱岗敬业、勤奋学习、志愿服务、热心助人、见义勇为、诚实守信、孝老爱亲等方面表现突出，特别是为国家、省市和学校赢得重大荣誉，以及在乡村振兴、疫情防控、科技创新等领域做出重大贡献的青年典型。

③原则上参评学生上一学年无补考。

（3）评选程序。

个人自主申报，各学院团总支提名，同级党组织审核后，交校团委办公室，校团委统一组织评选后报校党委审批。

（4）其他要求。

①严格评选推荐标准。各学院在人选推荐工作中要提高政治站位，严格对照申报条件，坚持宁缺毋滥的原则，严把人选政治关、品行关、形象关。

②严格评选纪律。对未严格按照评选条件和程序推荐的，经查实后，取消评选资格或撤销奖励；对在评选工作中有弄虚作假、借机谋取私利等违法违纪行为的，按照有关规定予以处理。

③广泛宣传典型。要通过媒体手段加强对获奖者优秀事迹的宣传推广，结合建团100周年开展事迹宣讲、座谈分享、主题团日等活动，集中展示新时代青年的精神品格和价值追求，引导广大团员青年热爱祖国、忠诚奉献，脚踏实地、砥砺奋进，为学校发展贡献青年力量。

4.2.3.3 大学生自强之星

设立大学生自强之星奖项是为了让身边榜样的力量引领广大学生不断坚定理想、传承红色基因。大学生自强之星有不同的类型和层级，根据类型来划分有机构协办、个人出资协办，根据层级划分有国家级、省级、市级、校级等，其中覆盖面最广、影响力最大的是"中国大学生自强之星"寻访活动。"中国大学生自强之星"寻访活动开始于2008年12月，该活动由共青团中央、全国学联指导，中国青年报社主办，新东方教育科技集团、中国青年创业就业基金会协办，旨在的通过榜样的力量引领广大学生不断坚定理想、传承红色基因。其他的大学自强之星评选则是在省级、市级、校级等区域内开展，其中校级评选的范围最小，但比例却是最大的，也最能调动大学生的积极性。第二课堂将获得大学生自强之星荣誉称号作为课程的考核内容，其中国家级、省级、校级荣誉称号分别加3、2、1学分。下面以校级的大学生自强之星为例，简要阐释自强之星的评选要求、奖励设置、评选流程等内容。

案例分析：以某高校的校级大学生自强之星评选为例。

校级大学生自强之星的设立是为了奖励和资助优秀学生中的创新先锋、学习标兵和自强之星，促进大学生成长和进步。

（1）评选对象。

高校所有全日制在籍在校本、专科学生。

（2）评选人数。

拟评选10人，最终由学校均平奖学金评审委员会根据当年参评学生情况进行综合评审并确定表彰人数。

（3）评选要求。

①基本要求。具有良好的思想政治素质，学业成绩优良，品行端正，热心公益，积极进取，乐观向上。

②满足以下任一条件。

A. 家庭经济困难但坚韧不拔，自立自强，勇于克服生活、学业等方面的困难，勤奋努力，或学业成绩优异，或科研创新能力强，或在自主创业方面奋发有为，事迹突出。

B. 有梦想并勇于克服生理、心理等方面的困难去实现自己的梦想，在爱国奉献、道德弘扬、自立自强、志愿公益等方面表现出非同一般的顽强毅力，有突出的自强事迹或个人成就，为当代大学生树立了可亲、可敬、可信、可学的时代榜样。

③在校就读期间，在学习成绩、生活态度、精神面貌、社会实践和学科专业发展等方面进步明显，或帮助他人进步显著，事迹感人，在学生中起到了较好的标杆作用。

（4）评选程序。

①学院推荐。各学院推荐符合条件的学生报名，指导学生完成大学生"自强之星"评选活动报名表与相关材料的填写，择优报送学校均平奖学金评审委员会。

②综合评审。

A. 学校均平奖学金评审委员会对候选人材料进行匿名打分，并结合当年参评学生总体情况，择优确定进入答辩环节人选。

B. 学校均平奖学金评审委员会对候选人进行现场答辩，由评委进行综合打分。候选人总成绩＝材料得分＋现场答辩得分。最终根据候选人的总成绩，由高到低确定"大学生自强之星"拟入选名单。

③学校审定。自强之星人选名单报均平奖学金评审委员会审定并公示后正式公布，由学校进行表彰和奖励。

（5）注意事项。

①本年度申报自强之星者不得重复参评"学习标兵""创新创业之星"等奖项。

②往届自强之星获得者不再参加本次活动。

4.2.4　职业资格、技能培训

4.2.4.1　职业资格、技能培训的目的与意义

材料与化工专业培养的学生是能参与生产实践的应用型工程技术人才。作为技术型人才需要就复杂化学工程问题与业界同行及社会公众进行有效沟通和交流，包括撰写报告和设计文稿、陈述发言、清晰表达或回应指令，并具备一定的国际视野，够对化学行业的国际状况有基本了解，了解专业领域的国际发展趋势、研究热点，能在跨文化背景下进行沟通和交流。因此，材料与化工专业的学生需要具备一定的沟通能力，在第二课堂中考取职业资格和进行技能培训。

4.2.4.2　考核设置

第二课堂技能资格认证：凡是获得国家或国际认可的能力和职业资格证书，可以获得相应的学分数。职业资格证书高级、中级、初级和技能培训国家级、省级分别可获得2、1学分。

4.2.4.3　案例分析

结合材料与化工专业学生的人才培养目标，第二课堂将相关的职业资格认证作为考

察范围，具体考察内容及分数详情见表 4.3。

表 4.3　相关的职业资格认证

资格证书	学分数	备 注
托福（The Test of English as A Foreign Language，TOEFL）	2	要求分数≥80，自考试起 2 年以内有效
雅思（International English Language Testing System IELTS，IELTS）	2	要求分数≥5，自考试起 2 年以内有效
托业（Test of English for International Communication，TOEIC）	2	要求分数≥550
全国大学英语六级考试	1	要求分数≥425
全国大学英语四级考试	1	要求分数≥425
全国计算机四级	2	要求取得合格证书
全国计算机三级	2	要求取得合格证书
全国计算机二级	2	要求取得合格证书
普通话水平测试等级证书	1	要求普通话水平测试等级为一级甲等
化学、化工、制药、材料类专业从业资格证书	1~2	国家人力资源和社会保障部颁发的从业资格证书 1 项可获得 2 学分，行业颁发的 1 项可获得 1 学分，总共不超过 2 学分

第5章 第二课堂的提高类模块

5.1 学术科技与创新创业类

本节主要内容为"创业基础"课程、专业基础能力测试、科技创新项目研究、发表科研论文、学科竞赛获奖、学生的发明创造和学术讲座,其中"创业基础"课程和专业基础能力测试为必修环节,其他为选修环节。学术科技与创新创业类具体课程设置如下。

5.1.1 "创业基础"课程

5.1.1.1 高校第二课堂中"创业基础"课程设置

"创业基础"课程适用于大一年级至大四年级学生,一般不强制规定学习阶段,学生可以根据自身学业规划安排,在大学任一学期学习此课程。该课程属于公共类课程,专业针对性较弱,在针对不同专业学生的教学过程中,穿插对应专业的创业实践例子,有助于增强学生对创业的理解。常见的"创业基础"课程教学方式有线下教学、线上教学和"线上+线下"教学三种方式。传统的线下教学形式单一,线上教学难以即时了解学生群体的知识获取情况,"线上+线下"教学的模式能很好地解决上述问题。一般在每学期期中和期末前,线上课程后台筛选出已选课但学习进度停滞的学生,督促其完成线上课程学习。线下课程学习时间固定,需要学生根据课表中的时间与地点进行学习安排。考核成绩评定分为两部分,如线上学习成绩占30%、线下课堂成绩占70%(具体占比由任课教师自定),最终汇成总评成绩。

5.1.1.2 高校第二课堂的"创业基础"课程考核

"创业基础"课程在第二课堂提高类模块的学术科技与创新创业类模块中为必修环节,完成学习可获得2学分。

5.1.2 专业基础能力测试

5.1.2.1 第二课堂专业基础能力测试办法

第一课堂的专业教学中,通常采用考试或考察的方式对学生进行测试,这种测试方式只能了解学生对课本上的内容或知识点的掌握程度,并不能全面地了解学生对知识的实际应用能力。学生在第一课堂学习了很多专业知识,根据学习内容的需要和学校学习资源,学校可灵活地安排多样化的专业能力基础测试方式,如开设讲座、组织兴趣小组、举办竞赛、参加社会公益活动等,也可以指导和鼓励学生组织报告会、成立社团协会、出版刊物等；在空间上采用走出课堂、走出校园，如到实验室、生产车间、生产基地等真实情境中进行亲身体验和实地考察等。通过丰富多样的测试方法，强化学生第一课堂学习的知识，进一步启迪学生，激发其学习内驱力，挖掘学生发展潜能，提升他们从理论到应用的专业基础能力。

对于化学、制药工程、材料、化工等相关专业，其所涉及的专业课有化学类专业课（基础课程主要有无机化学、有机化学、分析化学、结构化学、无机及分析化学、高分子化学）、制药类专业课（基础课程主要有药物合成反应、基础药理学、药物化学、药剂学、药物分析、制药工艺学、中药学）、材料类专业课（基础课程主要有材料科学基础、材料化学、材料物理、材料性能学、材料合成与制备、现代材料分析技术、材料工程基础）以及化工专业课（基础课程主要有化工原理、化工工艺学、化工仪表及自动化、化工设备与机械、化工过程设计、工程制图、计算机在化学化工中的应用）共四大类。对这些专业课的基础课程进行专业能力测试，可以衡量学生对专业知识的掌握程度，了解教学过程对学生的培养效果，是对第一课堂育人结果的重要反馈。但专业能力测试相对理论知识考试或考核评价更为复杂，是更为深入的测试反馈过程，需要科学测试方法的引入。科学的专业能力测试体系应具有多样性和丰富性，与第一课堂知识密切贴合。同时，与实际应用和生产相联系，通过科学的测试流程或结果提供合理的反馈意见，推动学生知识掌握能力和应用能力的全面发展。结合以上各类专业基础课程的特点和第二课堂的实际运行模式，采用以下方式开展专业基础能力测试。

（1）利用"志愿公益"活动开展专业能力测试。

如今人民物质文化生活水平有了很大的提高，社会各界对公益慈善和各类志愿活动的关注大大提升，同时也涌现出大量"志愿公益"活动。参与"志愿公益"实践活动可以培养大学生的社会责任意识、集体意识和团队合作精神，传递青春能量，同时也是践行、弘扬社会主义核心价值观的重要方式，对当代大学生思想品德和社会实践能力的培养具有积极作用。在以往的"志愿公益"活动中，通常关注的是大学生参与各种公益劳动、志愿服务的情况。"志愿公益"活动主要是用来彰显大学生的品德素质，对大学生本身专业能力的掌握和应用的要求不高，并不能达到对大学生的专业基础能力进行测试的程度。因此，采用"志愿公益"活动的方式开展专业基础能力测试，需要结合专业知识对活动的具体方案进行规划，这就要求学生通过自己掌握的专业知识开展相应的活动。

当代大学生对"志愿公益"活动的了解程度都较高，参加过公益活动的比例也很高，但是主动性和持续性较差，高校在开展相关活动和课程时，应注意对学生进行参加"志愿公益"活动的必要性教育，以提高学生对此类活动的理解和支持，同时要不断丰富其内容，以充分发挥大学生的智能优势，发展其特长，培养学生对社会环境的探索心、对社会情况的感受力。从日常生活中人们使用的物品或者食用的食物都包含着许多关于化学、材料、制药等专业知识。例如：洗衣粉中的磷含量对人体和环境产生怎样的影响，如何测定洗衣粉中的磷含量；一次性筷子的制备过程和需要用到的化学物质，以及其残留物如何测定；含氟牙膏中氟含量；桶装水中有害物质对人体的影响，以及有害物质的种类和含量如何测定；大豆中的钙、磷、铁含量；饼干中磷酸盐、碳酸盐含量；

连花清瘟胶囊的原料及制备；等等。人们会十分关心这些生活中时常会遇到的物品的质量和效果。学生根据自己所学的化学、材料、制药等专业知识，自主选题，针对这些公众关心的问题开展公益科普宣传活动。活动由学生主导安排设计，教师协助指导，活动需设计具体的科普知识点和开展方式，参与人数根据公益活动的具体内容合理安排，活动场地可以从校内到校外，科普宣传对象可以是中小学生、社会人士和中老年人等。活动结束后，学生总结形成书写活动文件，包括方案、过程、活动照片、活动效果等。教师通过活动结果或成果对学生的专业能力水平进行评价。

（2）从"实践实习"开展专业能力测试。

随着社会的发展，企业单位对毕业生的要求也有所改变，不仅要求有理论知识，更看重实践能力。实践或实习是大学学习阶段的重要环节，是理论与实践相结合的重要方式，是提高学生政治思想水平、业务素质和动手能力的重要环节，对培养坚持四项基本原则，有理想、有道德、有文化、有纪律的德才兼备的技能性、应用型人才有着十分重要的意义。大学生从学校走向工作岗位，需要完成从学生到"社会人士"的身份转变，但是由于当代大学生从小学、中学到大学阶段都处于学校环境中，这些阶段的学习基本上是以理论知识为主，很多大学生缺乏对社会、工作的了解，因此，当大学生毕业后走入工作岗位，面对实际工作中遇到的问题可能会无从下手。而在第二课堂活动中，参与"三下乡"社会实践、就业实习、岗位见习等活动可以大大拉近学生与社会的距离，让大学生从书本走向现实，深入了解国情社情，同时也可提高实践能力，更好地适应工作、适应社会。

当前，高校开设了很多关于实习、实践的第二课堂，它作为第一课堂的延伸和补充，在培养学生把理论知识转变为实际应用能力上应发挥着重要作用，帮助学生成为社会和企业单位所需要的应用型人才。"三下乡"社会实践、就业实习、岗位见习等活动可加深理解并巩固所学专业知识，进一步提高认识问题、分析问题、解决问题的能力，也是对大学生专业能力的检验过程。这类实习活动与学生切身的就业问题相关，学生的热情普遍较高，这需要教师或学校充分利用自身的资源，为学生的实习或实践提供渠道。对于化学、材料、制药等专业，教师和学校充分利用自身的资源为学生联系专业相关的化工企业、制药企业等相关岗位，尽可能地提供令学生满意的实习岗位，通过深入基层单位，了解目前化工产业、制药行业的发展现状，为今后走向社会、进入企业工作、自主创业做好思想准备和业务能力准备。学生通过实习或实践，撰写实习报告、心得体会和完成实习鉴定表向学校反馈。学校通过学生上交的资料和企业的实际反馈，对学生专业知识的掌握和知识实际应用能力进行评估。

（3）从"创新创业"体现专业能力。

2015 年，共青团中央办公厅关于印发《关于高校共青团积极促进大学生创业工作的实施意见》的通知强调，促进大学生创业是高校共青团服务党政工作大局、服务国家改革发展、服务青年学生成长成才的重要工作内容。高校共青团服务大学生创新创业教育的一个主要渠道是第二课堂，近年来，国家政策上大力扶持青年尤其是大学生创新创业。目前，诸多高校已经在第二课堂中设立"创新创业"项目体系，将创新创业教育融入人才培养体系中，以培育当代大学生创新能力。

近些年，随着科技的不断进步，国家和社会对大学生创新能力的要求也日渐凸显，"创新创业"项目能够很好地培养学生的创新能力。但是，大学生本身在专业知识的广度和深度上尚未完善，需要经验更加丰富的教师利用自身专业知识对学生加以指导。同时，要做到将"创新创业"项目和学生所学专业教育课程结合起来，在培养学生创新能力的同时强化其专业知识。例如，三维荧光技术用于红酒品牌鉴别及假冒识别研究、表面增强拉曼技术快速检测体液中的微量降糖药含量、基于近红外光谱快速分析中药中的非法添加物等创新创业项目，涉及化学、物理、材料、制药等相关专业知识，需要学生对这些专业知识有充分的掌握。反过来，学校或教师可以根据学生参加各级各类学术科技、创新创业竞赛和活动的经历，以及获得的相关荣誉、发表论文、出版专著、取得专利等情况对学生的专业技术能力进行评价。

（4）"专业知识竞赛"强化专业能力。

专业知识竞赛活动是在紧密结合课堂教学的基础上，以竞赛的方法，激发学生理论联系实际和独立工作的能力，通过实践来发现问题、解决问题，增强学生学习和工作自信心的系列活动。专业知识竞赛具有探索性、创造性和科学性，要求学生熟练地掌握专业知识，具备严谨求实的学习态度和勇于探索、积极进取的科学精神，并且能够组建团队，和团队成员共同努力付出艰苦的劳动。因此，开展专业知识竞赛活动，有助于提升大学生的专业知识掌握程度，有助于培养大学生的科研能力、创新能力、实践能力和团队协作能力等综合素质。高校在第二课堂中开展专业知识竞赛，能够促进学科建设和课程改革，引导高校在教学改革中注重学生创新能力、协作精神、理论联系实际、动手能力和工程训练的培养。在倡导素质教育方面，提高学生的创新能力和对实际问题进行设计制作的能力等多方面有着日益重要的推动作用。

专业知识竞赛对学生专业知识的掌握程度有较高的要求。在专业知识竞赛活动的准备阶段，学生要进行大量的理论知识和科研数据的查阅，包括文献资料查阅、竞赛方案设计、实验结果分析归纳等一系列的活动，这个过程中学生完成的是已有知识的巩固和新知识的学习，既积累了专业知识，又锻炼了实践能力。目前，校级、省级和国家级专业知识活动竞赛都十分重视包括英语、化学、材料、物理、制药、化工等的专业知识竞赛，这使得大学生有很多机会可以参与到这些专业知识竞赛当中。因此，第二课堂将专业知识竞赛放入常规必修模块，让每一个学生都参与到专业知识竞赛的训练当中，部分学生也能参加省级、国家级的竞赛项目，所有学生都既能提升专业知识掌握程度，也能增加实践经验。学校可以根据学生参加各级各类竞赛和活动的经历，以及取得的相关奖项对学生的专业技术能力进行衡量。

（5）"专业技能"测试学生专业基础能力。

专业技能通常能显示学生在某专业所具备的能力，针对大学生所要掌握的专业知识技能设立相关的第二课堂内容，培养指导学生在完成第一课堂学习的同时积极报名参加技能等级考试、社会职业资格考试，取得相应证书，实现个人全面发展。专业技能培训能够让第二课堂与第一课堂相互融合、互为补充。学生在第一课堂中学习专业知识，在第二课堂中参加相关培训或资格考试，将所学的知识转化为自身的能力素质。学校通过规范管理，向学生积极宣传，让学生主动参加相关培训并参加专业相关的资格考试，以提高学生的专业技能。学校根据学生参加相关培训及获得的证书对学生的专业基础能力进行测试。

（6）将"学术讲座"纳入专业基础能力测试。

学术讲座或学术报告，是某一专业领域的学者在短时间内将专业知识和成果介绍给听众。学术讲座是高校开展学术活动的一种重要载体，它是高校或科研院所相关科研人员进行学术交流、提高教学科研的重要方式。另外，学术讲座也是提高对学生尤其是研究生培养质量的重要方式和有效手段。第二课堂将学术讲座加入到大学生学习和成长的培养中，对大学生的的专业知识能力提升有重大的导向作用。学术讲座的开展主要依靠学校和教师的积极联系，针对所在专业，邀请其他院校在本专业领域有一定建树的学者到本校做学术讲座。学校通过积极宣传，让材料与化工专业学生主动参加学术讲座，并对学生的参与效果进行调研和考核，将学生参加学术讲座的次数及效果纳入专业知识能力测试范畴。

5.1.2.2　专业基础能力测试学分设置

专业基础能力测试属于第二课堂的提高类模块，设置学分共计 2 学分，根据学生具体参加以上不同活动，完成相应内容可获得相应学分，具体设置如下：

（1）"志愿公益"活动。

组织或参加"志愿公益"活动并认证成功，活动主要组织者、方案设计者获得 2 学分，参与者获得 1 学分。"志愿公益"活动的认证及考核由二级学院执行与负责。

（2）"实践实习"活动。

参加"实践实习"活动，完成相应实习报告或其他完整文字资料，认证成功获 2 学分。"实践实习"活动的认证及考核由二级学院和实习/见习单位共同执行与负责。

（3）"创新创业"活动。

参加"创新创业"活动，形成完整项目计划书或申请书，认证成功获 2 学分。成功申请项目并顺利完成、撰写论文或专利的由专项模块单独计算学分。"创新创业"活动的认证及考核由二级学院执行与负责。

（4）"专业知识竞赛"活动。

组织或参加"专业知识竞赛"活动，形成完整的竞赛方案设计和实验结果分析报告，认证成功获 2 学分。参加省级、国家级竞赛项目并获奖的由专项模块单独计算学分。"专业知识竞赛"活动的认证及考核由二级学院执行与负责。

（5）"专业技能"训练活动。

参加专业技能培训和考试并获得相应证书，认证成功获 2 学分。"专业技能"训练活动的认证及考核由二级学院执行与负责。

（6）"学术讲座"讲座活动。

参加"学术讲座"活动与专项模块学分设置相同，每听 1 次报告并填写学术活动记录表或形成相关文字资料，计 0.25 学分，累计参加 4 次获 1 学分。"学术讲座"活动的认证及考核由二级学院执行与负责。

5.1.3 科技创新项目研究

5.1.3.1 高校第二课堂开展科技创新项目研究的目的及意义

《国家中长期科学和技术发展规划纲要（2006—2020年）》明确提出："要把科技进步和创新作为经济社会发展的首要推动力量，把提高自主创新能力作为调整经济结构、转变增长方式、提高国家竞争力的中心环节，把建设创新型国家作为面向未来的重大战略。"《教育部关于做好"本科教学工程"国家级大学生创新创业训练计划实施工作的通知》要求各高校在"十二五"期间实施大学生创新创业训练计划，并提出以创新创业教育促进学生全面发展的培养目标，为创建创新型国家储备人才。2015年，首届中国"互联网＋"大学生创新创业大赛总决赛上，中共中央政治局常委、国务院总理李克强指出：大学生是实施创新驱动发展战略和推进大众创业、万众创新的生力军，既要认真扎实学习、掌握更多知识，也要投身创新创业、提高实践能力。切实增强学生的创业意识、创新精神和创造能力，厚植大众创业、万众创新土壤，为建设创新型国家提供源源不断的人才智力支撑。因此，大学生科技创新项目也是备受高校重视的学生实践教育之一，同时，引导本科生积极参与大学生科技创新项目也被各个高校逐步纳入了新的人才培养方案中。目前，国内所有高校都已经开设创新创业课程和第二课堂。同时，根据学校本身情况研究开展了不同形式的科技创新项目研究。学生在科技创新项目实施的过程中，需要完成查阅文献（包括外文文献）、实验方案的设计与实施、数据处理与分析、项目书的撰写等相关事项。科技创新项目的顺利实施能够促使学生逐渐掌握基础的科研方法并初步形成科研创新思维，同时培养学生提出问题、分析问题并解决问题的能力。

5.1.3.2 高校第二课堂科技创新项目研究的考核设置

科技创新项目研究属于第二课堂的提高类模块，以项目的顺利申请及实施作为考核标准。根据申请项目的类别，具体考核方式如下：

（1）国家级项目。

申请国家级项目成功并顺利实施，项目负责人获得8学分，合作者中排名第一合作者获得7学分，第二合作者获得6.5学分，第三合作者获得6学分，第四合作者获得5.5学分。

（2）省部级项目。

申请省部级项目成功并顺利实施，项目负责人获得6学分，合作者中排名第一合作者获得5学分，第二合作者获得4.5学分，第三合作者获得4学分，第四合作者获得3.5学分。

5.1.3.3 高校第二课堂科技创新项目案例分析

高校作为人才培养的重要基地，要深入开展创新创业教育的改革，转变人才培养模式，积极创建大学生创新创业素质培养的机制，在第二课堂中要采取多种科技创新项目提升大学生创新创业素质和能力，为创建创新型国家储备人才。高校在"大学生创新创业"项目的基础之上，结合教育部、校团委等相关指示和本校实际情况，可以开展多种形式的科技创新项目研究，如中国"互联网＋"大学生创新创业大赛"青年红色筑梦之旅"活动、"创青春"四川青年创新创业大赛、"挑战杯"大学生课外学术科技作品竞赛等。具体的项目研究情况如下：

（1）大学生创新创业训练计划项目。

大学生创新创业训练计划项目不仅是教育管理部门面向本科生立项的项目，而且也是"高等学校本科教学质量与教学改革工程"重点建设项目之一。以下是某高校材料与化工专业顺利实施的大学生创新创业训练计划项目，它从各个方面训练大学生的创新创业能力。

项目 1：新型室内空气净化器的设计研究。据项目组人员调查发现，虽然目前市场上有很多类型的旅游产品，但是很多旅游产品存在滞销的情况，基于这种现状，项目组人员又做了较为深入的了解，发现绝大多数景点的旅游产品都大同小异，很少有根据景点特色推出旅游产品的情况。所以，要改变和创新，致力于打造特色竹村旅游产品，根据当地特色开发设计，不仅考虑它的纪念意义，也会考虑它的实用性，结合文创以及其他类型产品，将旅游产品扩大化、特色化。

项目 2：竹筒酒的竹筒保色和防渗技术研究。针对目前竹筒酒业出现的竹筒色泽易变和竹筒酒容易渗漏的问题。通过对不同竹子种类的竹筒结构进行分析，从食品安全角度出发，对竹筒进行改性和表面修饰，保持竹筒的色泽；再采用食品材料对其涂膜，在竹筒表面形成一层食品级防护膜，降低竹纤维之间的空隙，从而阻止竹筒酒的渗透和挥发，延长其货架期和保质期。该项目的研究成果能切实解决竹筒酒行业面临的现实问题，具有重要的理论价值和广阔的应用前景。

项目 3：千奇屋。千奇屋项目是由四川双杭旧货有限责任公司牵头启动，是为促进校园二手交易而创立，以线下"千奇屋"带动线上交易，从而实现线下、线上交易融合的二手交易服务商。在校园内打造线下社交式购物，举办各种环保活动，践行可持续发展。项目成员来自不同学校，有利于项目业务的拓展，同时，先进科学的 5C（Cheap，Careful，Certain，Changeable，Cheerful）服务理念引导公司健康发展。

项目 4：电化学促进碳杂偶联反应研究。含杂原子（N、O、S 等）的化合物是一类重要的化合物，传统处理方式：先合成活性物质，随后进行亲核取代制得 N/O 偶联产物。本项目拟在温和的条件下，采用"绿色合成"方式，电催化诱导直接活化 C—H 键活性位点直接形成 N/O 偶联产物。该合成方式改变传统加热的反应方式，采用环保经济的电催化实验新方法，可降低能耗，减少排放和环境的污染，真正达到节能减排的目的，为后续的科学研究或商业生产提供可靠的方法和技术支持。

项目 5：柠檬果蔬微生物酵素的功能与应用研究。微生物酵素是近年来风靡日本和欧美国家的一类功能性食品，其中果蔬微生物酵素尤为突出，其富含多种脂肪酶、淀粉酶、蛋白酶、超氧化物歧化酶、多酚、维生素、氨基酸及矿物质等活性功能成分。本项目旨在制备柠檬果蔬微生物酵素，对其功能、性质以及应用等方面进行研究，并对未来柠檬酵素可开发应用领域进行展望，以期获得具有较好功能性的柠檬果蔬微生物酵素，为进一步开发与应用研究柠檬果蔬微生物酵素提供一定的理论参考和技术支持。

项目 6：三维荧光技术用于红酒品牌鉴别及假冒识别研究。红酒是一种成分复杂的酒精饮品。不同产地和厂家的红酒品质不同，消费者的认同度也不同，这使得红酒价格差异较大。在利益驱动下，市场上出现了假冒伪劣产品，用常规方法检测红酒有局限性，急需一种快速且无损样品的检测方法。本课题拟应用三维荧光光谱技术，结合化学计量学，针对市场上以次充好的现象，模拟设计红酒假冒品，建立简单快速的红酒品质鉴别方法，所建方法具有灵敏、绿色特点，对保证红酒品质和市场监管有积极意义。

项目 7：基于含氟表面活性剂的研究——一种新型防水耐热纸质吸管的研究与开发。2020 年初，国家出台《关于进一步加强塑料污染治理意见》，到 2020 年底，全国范围内禁止使用不可降解一次性塑料吸管。虽已推出纸吸管，但市场中的纸吸管有不耐热、不防水、不耐腐蚀等问题。因此，本课题推出新型非离子型含氟表面活性剂纸吸管。通过对已有方法进行改进，采用全氟烷基丙烯酸酯、聚乙二醇丙烯酸酯、过氧化物引发剂和溶剂制备的新型含氟表面活性剂不仅解决纸吸管的问题，也符合绿色发展主题。

项目 8：酒糟制备生物活性炭处理含染料废水研究。在工业高度发达的今天，含染料废水的无害化处理被高度重视。我国酒糟资源丰富，若不加以利用不仅会造成环境问题，而且对酒糟进行综合利用一定程度上可缓解废弃酒糟对环境造成的压力。本项目拟采用致力于建立以酒糟为原料，磷酸为活化剂，使用水热法制备生物活性炭的制备方法，并用所得产物进行含染料废水处理的实验研究。通过实验建立酒糟制备生物活性炭的方法，并寻找处理含亚甲基蓝等有害物质的染料废水的优化方法，达到以废治废的目的。

项目 9：一种沙漠药用植物的活性成分研究。现代药理学研究发现沙蓬含有黄酮、三萜、香豆素、甾醇、生物碱等次生代谢产物，具有抗糖尿病、抗氧化、降血脂等作用。本项目主要针对沙蓬的化学成分、生物活性进行研究，为沙生植物——沙蓬的开发利用提供参考。

项目 10：$BiOBr/TiO_2$ 催化剂的制备及其降解喹诺酮类抗生素废水的研究。抗生素在医药等方面做出巨大贡献，但由于其化学结构稳定、存在形态复杂，常规技术难以去除等因素，因此对人体健康和环境有着巨大危害。本项目通过水热法合成 $BiOBr/TiO_2$ 复合催化剂，光降解诺氟沙星和培氟沙星两种典型抗生素废水，并用 X 射线衍射仪和傅里叶红外光谱仪等仪器对合成的催化剂进行研究，再通过调控催化剂异质结、降解温度、光照等条件研究其光降解性能，为抗生素污染水体的治理提供数据支持、理论基础和应用技术。

项目 11：M 型锶铁氧体 Sr、Fe 位共掺杂效应与磁性能关系研究。M 型永磁铁氧体因原材料丰富、性价比高、抗退磁性能优良、不存在氧化等优点，占有一半以上的永磁市场，然而国产的永磁铁铁氧体因制作工艺等原因，其永磁性能较低，产品主要应用于中低档领域。本项目以 La、Co 元素共掺杂优化 M 型锶铁氧体的永磁磁性能，并通过优化二次球磨时间、充磁磁场、La 和 Co 掺杂量等协同调控 M 型锶铁氧体的矫顽力、剩磁和最大磁能积，以期获得高性能永磁铁氧体，为工业化生产高磁性能永磁元件提供方案。

以上项目在教师指导下，由学生主导顺利实施，参与这些项目的学生可以在电子信息传递、日常生活用品升级、药品研发、药用作物生产、材料研发、化工生产等领域积累丰富的专业知识和生产经验；毕业后，可以在相关的日用品企业、制药企业、化工材料、冶金等行业从事材料研发、生产、质检和管理等工作；同时，还可以继续深造相关学科领域的研究生，让学生通过专业研究方向和就业领域开始了解自己所学专业，对自己的专业产生兴趣。

（2）中国"互联网＋"大学生创新创业大赛"青年红色筑梦之旅"活动。

为深入贯彻落实习近平总书记给第三届中国"互联网＋"大学生创新创业大赛"青年红色筑梦之旅"的大学生回信重要精神，围绕迎接党的二十大胜利召开，根据《教育部关于举办第八届中国国际"互联网＋"大学生创新创业大赛的通知》《四川省教育厅关于举办第八届四川省国际"互联网＋"大学生创新创业大赛的通知》的要求，高校根据本校实际情况开展第八届中国国际"互联网＋"大学生创新创业大赛"青年红色筑梦之旅"活动项目，将思想政治教育、专业教育与创新创业教育相结合，传承红色基因，坚定理想信念，全面推进课程思政，涵养青年学生家国情怀；以新工科、新医科、新农科、新文科助力"新农村、新农业、新农民、新生态"建设，引导师生扎根基层创新创业，推动乡村振兴取得新进展、农业农村现代化迈出新步伐。项目要求以项目团队的形式参加报名，必须参加相关活动，项目团队可以与暑期"三下乡"社会实践活动、与大学生创新创业充分结合，要在社会实践中锤炼意志品质，增强责任担当。要求参加活动的项目团队积极深入基层，通过线上、线下的形式进行活动的开展、项目的对接、资源的整合，将团队所携带的智力、技术和资源辐射到广大乡村地区，推动当地社会经济建设，助力乡村振兴。同时，该活动结合党史学习教育，深挖红色资源，通过线上理论学习、线下实践学习相结合的方式进行党史学习。下面以其中一个中国"互联网＋"大学生创新创业大赛"青年红色筑梦之旅"活动项目申请书作为示例，学习了解项目申请书的撰写。

项目申请书的首页包括项目名称、申请单位和团队名称，项目名称由学生在教师的指导下根据具体的研究内容拟定。大赛组委会关于项目申请书填写有字体、行距等格式的具体要求和相关规定，学生在填写项目申请书需要根据大赛组委会的相关要求进行撰写。该部分是申报者情况填写，以表格形式呈现，要求填写申报人、合作者和指导教师的相关信息，填写要按照说明要求，仔细填写，确认无误。

项目实施方案是项目申请书的主题部分，主要包括以下内容：①申请项目的理由（文献综述）；②项目内容（研究目标，主要研究内容，结构和性质表征等）；③实施该项目所具备的基础、优势和风险；④项目的技术路线；⑤项目的进度安排；⑥项目成员分工；⑦项目预期成果等内容。项目申请书主题部分是展示项目研究科学性、先进性、可行性的关键部分，写好该部分内容是项目申请书否能够通过评审的关键因素。

学校通过积极宣传，学生踊跃参与，充分发挥学生的个性化思维，设计出诸多丰富多彩的项目活动方案，表 5.1 是某高校的中国"互联网＋"大学生创新创业大赛"青年红色筑梦之旅"活动项目申请书名称。

表 5.1　中国"互联网＋"大学生创新创业大赛"青年红色筑梦之旅"活动项目申请书名称

序号	名　　称
1	自动化含磷化合物的提取

序号	名 称
2	大学生闲置物品的回收再利用
3	农产品食品第三方检测中心
4	宜宾长宁"春笋"产业
5	垃圾分类智慧校园
6	二手商品交易平台
7	酒糟制备生物活性炭处理含染料废水研究
8	非物质文化遗产的保护
9	互联网为传统服饰的未来插上翅膀
10	竹筒酒的竹筒保色和防渗透技术研究
11	运用"互联网＋"玩转地摊经济
12	车载酒精检测仪
13	恒温成膜喷雾
14	青山绿水新销售
15	现代机器人教育
16	新型可再生资源回收利用
17	运用互联网做好环保
18	网上教育优化改革
19	农产品的网上推销
20	"互联网＋"在线就诊
21	如何缓解地震多发区人们的心理压力
22	新型冠状病毒肺炎疫情影响高校学生心理健康因素及其应对方法
23	融媒思政——构建辅导员与思政课教师协同育人服务平台
24	宣扬红色，筑梦公益
25	化学者联盟
26	有机颜料
27	互联网加养蚕养蜂
28	应急水源净化剂
29	垃圾自动识别器
30	新型农药——道道绿
31	新型果酒——纯酿
32	文化创新体验馆

序号	名　称
33	宜宾名胜甲天下，古迹之图身边留
34	校园卡网络化
35	现代农业生态园
36	太阳能充电器
37	掌上交通——智能交通执法系统
38	落叶不只是归根
39	森林火灾救生道具设备
40	校园无人糕点店
41	耐水腻子膏的控制与开发
42	VR 眼镜运用于教育

由表 5.1 中项目申请书名称可知，学生充分发挥个性化思维方式，从思想政治育人、日常生活用品性能改善、智能信息化融入生活、专业知识应用实践等方面开展项目。项目的顺利实施能够明显强化学生专业知识掌握程度、提升创新创业能力，为今后进入相关行业工作或创业积累丰富的经验。

（3）"创青春"四川青年创新创业大赛。

为贯彻落实习近平总书记系列重要讲话和党的十八届三中、十八届四中全会精神，落实省委十届四次、十届五次全会精神，在全社会营造理解、重视、支持青年创新创业的良好氛围，为青年创新创业提供条件，搭建广阔舞台，发现培育一批走在"大众创业、万众创新"前列的青年创新创业人才，共青团四川省委联合相关单位，共同举办"创青春"四川青年创新创业大赛，该项比赛已经成功举办多次，部分高校已经累计举办十几次类似的高校毕业生创业大赛。以"创青春"创新创业项目竞赛为途径，搭建青年创新创业日常展示交流、资源对接和项目孵化平台，整合创业服务机构、创业园区、创投基金、创业导师等资源，激发青年创新创业热情，在全省范围内吹响"创业青年集结号"和"创业导师集结号"，积极扩大活动参与面、增强大赛影响力，营造全社会关心支持青年创新创业的良好氛围，帮助青年增强创业能力、提升创业成功率，促进青年创业就业服务体系建设。某高校在举办"创青春"四川青年创新创业项目大赛中评选出了大量优秀的项目，具体见表 5.2。

表 5.2　"创青春"四川青年创新创业大赛中优秀项目名称

序号	项目名称
1	小镇旅游新发展
2	"象甲无形"——新一代储粮害虫高效鉴别技术
3	助力乡村振兴："泽勒火都"彝族漆器项目运营计划
4	新一代信息技术融合下的乡村规划建设研究

续表

序号	项目名称
5	乡村农业改革荷花塘水产养殖双循环系统项目开发
6	新环保型钢筋替代材料——"竹宝"应用推广计划书
7	"清网派"网络安全系统
8	千"面"万化
9	蜡小样非遗文创工作室创业计划书
10	新型柔性3D打印及生物力学订制鞋垫
11	茶韵科技——茶叶智能萎凋系统

学生积极参与"创青春"创新创业项目，以上竞赛参赛作品涉及领域广泛、思路新颖、内容充实、形式多样，充分彰显了学生的学术创新能力，在培养学生创新意识和创新能力方面起到了积极的作用。"创青春"创新创业项目的顺利实施能够引导学生积极参与、开拓创新、锐意进取，不断提高创新能力和综合素质，促进学校课外学术科技活动的全面发展。

（4）"挑战杯"大学生课外学术科技作品竞赛。

为进一步贯彻落实习近平总书记"五四"讲话精神，促进在校大学生课外学术科技活动的蓬勃发展，培养刻苦钻研，勇于创新，全面发展的创新型、应用型人才。按照共青团四川省委提出"崇尚科学、追求真知、勤奋学习、锐意创新、迎接挑战"的竞赛精神，某高校在全校范围内开展"挑战杯"大学生课外学术科技作品竞赛，搭建学生科技创新能力培养平台，着力培养学生高度的责任心、持续的进取心、强烈的好奇心和表达能力、动手能力、创新能力。其中材料与化工专业的学生在"挑战杯"竞赛中积极参与，交出诸多极具价值的学术科技作品项目计划，见表5.3。

表5.3　"挑战杯"竞赛中极具有价值的学术科技作品项目名称

序号	项目名称
1	3D打印技术下分子结构模型制作软件的开发
2	柚子皮中提取黄酮类化合物
3	精准扶贫背景下电商公益助农模式初探
4	城市垃圾桶积水排水优化
5	打印机在打印纸上的二次利用
6	3D打印C60模型
7	大学生睡眠质量影响因素的调查与改善对策
8	新时代背景下大学生"合理增负"的相关研究
9	纳米材料的现状与前景
10	云贵川地区餐厨垃圾的零污染处理

序号	项目名称
11	长江源头重金属污染的整治以及围江净水的可行性
12	石墨烯的电子应用
13	低碳经济与发展新模式的研究
14	玉米中提取多糖
15	香蕉皮中提取果胶的工艺优化
16	燃油混入润滑油对汽车发动机润滑系统的影响
17	以宜宾市为例调查汽车油量使用消耗与空气质量相关性调查
18	黄芩中提取黄酮类物质及分析
19	利用微波消解 AAS 法快速检测含植物成分护肤品中重金属含量

参与"挑战杯"大学生课外学术科技作品竞赛的学生可以积累丰富的专业知识和实践经验，为大学生毕业后在相关行业工作或创业奠定了良好的基础，也为今后继续攻读相关学科领域的研究生积累了经验。"挑战杯"大学生课外学术科技作品竞赛的顺利实施体现了"为学生成功奠定基础，为地方发展提供支撑"的教育理念。

5.1.4　发表科研论文

5.1.4.1　高校第二课堂开展科学研究及发表科研论文的方法

2011 年 3 月，我国发布了《中华人民共和国国民经济和社会发展第十二个五年规划纲要》（以下简称《纲要》）。《纲要》指出要加快教育改革发展，全面实施素质教育，深化教育体制改革，在"突出培养造就创新型科技人才"方面特别强调要："围绕提高科技创新能力、建设创新型国家，以高层次创新型科技人才为重点，造就一批世界水平的科学家、科技领军人才、工程师和高水平创新团队。创新教育方式，突出培养学生科学精神、创造性思维和创新能力。"这在相当长的一段时间内为我国高素质的人才队伍的发展指明了路线和方向，也对各类高校人才科研能力的培养提出了更新的、更高的要求。组织和引导大学生在大学学习期间开展科学研究活动，是我国高等教育人才培养的一项基本要求，也是提高大学生培养质量、增强大学毕业生综合能力和素质的一项重要举措。因此，结合高校第二课堂，开设了创新创业、实习实践、学科竞赛等课程，这些课程要求学生掌握科学研究项目相关的申请准备、具体实施、结题总结等知识和流程。学生通过科学研究项目的完成，可积累相关的科学研究基础，可在教师的指导下开展相关科研论文的写作。

发表科研论文的前提是开展相关的科学研究。目前，我国高校大学生从事各种科研活动已经相当普遍，一些国内知名院校的学生科研能力培养体系已经基本成熟。开展大学生科学研究主要需要做到以下几点。

（1）科研选题和项目申报。

科研选题是指某一学科领域中尚未发现而又应当探索、认识和解决的问题。科研选题是研究的第一步，具有战略性和全局性的特点，关系到整个科研工作的成败。众所周知，人类的认识活动是在实践的基础上，由已知领域向未知领域不断扩展的，而在思维形式上表现这种扩展就是"问题"。也就是说，"问题"是人们认识活动中"已知"和"未知"之间的连接点，"问题"总是走在探索活动的最前面，是迈向未知领域的最早"开拓者"，也是全部科学探索的出发点。在科研研究工作中，我们经常遇到的和要解决的"问题"很多：有复杂的，有简单的；有重要的，有次要的；有长远的，有近期的；有本质的，有非本质的；有专业性的，有综合性的；有来自实际生活的，有来自科学内部的；等等。"问题"又具有其特殊性。有些"问题"能明显地表露出来，容易被发现。但是，在很多情况下，真正的"问题"是隐藏在某种表象的背后，或者是以另一种形式表现出来。越是有重大意义的"问题"，隐藏得越深。所以，如何确定科研选题，这本身就不是一件轻而易举的事情。这就要求科研工作者必须具有扎实的学识基础、丰富的想象力、敏锐的洞察力及科学的选题意识。科研选题决定着科研工作的方向，在一定程度上决定着整个科研工作的内容、方法、途径和价值，影响到研究成员的组成和才能的发挥。因此，如何确定合理的科研选题需要遵循一定的原则，这需要在创新性、可行性、项目优势性、企业或社会的需求性、项目实施的经济性等方面进行综合考虑。大学生则更需要根据自己所学专业知识多与指导教师沟通以确定合理的科研选题。

项目申报是指项目申报人提出项目申请并报送相关主管部门的过程。各种研究项目的申报过程大同小异，大学生在申报科研项目时，要结合大学生自身的特点，发挥自己特长，量力而行，做好科研项目的申报工作。学生要多渠道获取项目申报的信息，一般而言，高校中项目申报活动由相关职能部门发布。具体到学生科研活动，有上文提到的大学生创新创业训练计划、中国"互联网＋"大学生创新创业大赛"青年红色筑梦之旅"、"创青春"四川青年创新创业大赛、大学生科技创新基金（Students Research Fund，SRF）项目、校团委或社团设立的其他项目等。每项科研项目的申报时间、程序和要求均不尽相同，这就要求学生自己积极主动地关注学校的宣传栏、网站或其他形式的通知。另外，科研项目申报指南是项目主管部门集中了众多专家、学者意见，经过反复修改、论证而定的，具有明确的导向性和践行性。在确定是否申报前，学生不仅要了解项目指南的内涵，更要重视立项依据、创新性、研究方法和技术路线、预期成果。最重要的是，要严格遵守申报指南中的规定。否则，申报后初审阶段就有可能被淘汰。在科研项目申报指南选项中应注意选准项目，也就是确立自己的研究方向，这是科研项目申报最基本、最关键的一步。作为处于科研起步阶段的大学生，一定要根据自己的特长和专业优势实事求是地评判自己的研究能力，分析找出科研项目申报指南中的亮点项目，扬长避短，充分发挥自己的优势和特色，确定适合自己的研究方向。一定要熟悉和掌握科研项目申报指南所要求的所有内容，按照要求撰写项目申报书和提交项目申请。

（2）科技文献检索。

检索科技文献信息采用什么方法，需要根据课题性质和研究目的，以及根据检索工具而定。学生要掌握根据论文题目、作者信息、出版机构、代码途径检索文献的方法。另外，可根据论文分类、主题词、关键词进行文献检索。了解常用科技信息数据检索库的使用，其中书目信息和全文数据库包括中国高等教育文献保障系统（China Academic

Library&Information System，CALIS）联合目录数据库、超星数字图书馆、方正 Apabi 数字图书馆。国内中文期刊数据库和检索工具主要有中国期刊全文数据库、中国知网（CNKI）、万方数据库、维普网、百度学术等；英文数据库或检索工具主要有 Web of Science 数据服务平台、科学引文索引（Science Citation Index，SCI）检索系统、社会科学引文索引系统（Social Science Citation Index，SSCI）、工程索引（Engineering Index，EI）检索系统、Science Direct 数据库、Wiley 数据库、英国皇家化学学会（Royal Society of Chemistry，RSC）、Springerlink 全文数据库、电气与电子工程师协会（Institute of Electrical and Electronics Engineers，IEEE）等。中文学位论文数据库包括中国知网硕博士论文数据库、万方数据资源系统的"中国学位论文文摘/论文数据库"、中国高等教育文献保障系统高校学位论文数据库、中国优秀博硕士学位论文全文数据库。国内专利查询入口在国内各个数据库中都有相关检索设置，国外专利检索主要有欧洲专利局专业数据库、美国专利商标局专利数据库等。目前，各高校图书馆网站基本都会设置有各数据库介绍及导航系统，大学生通过学校图书馆网站进行科技文献检索是最方便、最实用的一种方法。这是由于大多数据库的资源下载都是收费的，因此高校图书馆通常都会购买部分数据库的下载使用权供校内师生使用，大学生应当充分利用这些资源服务于自己的科研。

查找科技文献信息必须先对检索课题进行分析研究，以确定该课题需要查找哪些类型、哪些专业、哪些语种和哪一时期的资料。一般来说，查找步骤的繁简，是由检索课题的难易决定的。

如某种化学物质，若要查找其熔点、沸点、溶解度等理化数据，应先查阅手册、辞典；若要查找其较新的数据，则查找较新版的手册；对于其最新的数据，则应查找现期期刊。对于比较复杂或比较专门的检索课题，需要详细而系统地查找。

又如，关于聚氯乙烯制备方法的改进这一课题。首先应查阅教科书、手册、辞典和型参考书，了解聚氯乙烯的一般情况，如分子式、理化性质和制备方法等，以便对聚氯乙烯有一个大概的了解和认识。其次查找有关综论和专题著作，获得对聚氯乙烯制备方法改进这一问题更全面的认识。最后查找有关的文摘杂志、索引刊物，如英国《塑料文摘》、美国《化学文摘》等检索工具。

若要查找本学科的最新成就和动态，可查找现期期刊、快报、题录等。若要查找某种型号的化工设备或产品方面的资料，可查找设备或产品的说明书或数据手册。一些有较大经济价值的化工设备、仪器仪表装置和生产流程方面的资料，常载在专利文献中。注意查找有关专利文献检索工具，如《世界专利索引》《专利文献通报》等。若要查找有关市场、贸易、技术经济性信息，了解某一公司的情况或某一产品的市场动态，应查找《化学工业札记》《化工商品信息手册》《中国企事业单位名录》等技术经济信息检索刊物或有关厂家名录、交易信息、商业广告、社会和企业法人内部资料。若要查找化工新领域、化工技术攻关方面的课题，应多查找有关化工方面的学报、论文集、会议录及专利说明书等情报资料。若检索课题比较生疏，则应先查找有关图书、综述、述评，再查找其中所引用的文献。对于牵涉面广的检索课题，可利用主题索引、分类索引结合作者索引进行由近至远的回溯查找。查找时尽量利用检索工具的累积索引。查找信息的检索工具使用顺序是先使用中文检索工具，后使用外文检索工具。

（3）科研程序及其过程。

科研程序是指在科学研究中通常所采用的基本的步骤。无论研究人员所接受的专业教育是什么，大体上来讲，研究程序基本上是一致的。在科研工作中，采用适当的研究方法并遵循有效的研究程序，可以取得事半功倍的效果，是获得正确研究结果的必要条件。研究领域不同，科研程序亦有所不同，一般都经历以下几个基本过程：

①发现问题，确立科研选题。科学研究一般都是从发现问题开始，以解答特定的问题为其根本目的。此阶段在整个科学研究中具有重要的战略意义，研究人员需要将提出的问题转化为清晰可见的研究内容，即科研选题。这直接关系到科研的成败。科研工作者必须以实事求是的态度去发现各种问题，并从中归纳、提炼出具有科学研究价值的选题。

②申报立项。确定科研选题后，为获取研究经费，科研人员需要撰写科研项目申报书，将科研立项报告上报科研主管部门，经过资格审查、专家组评审、选题组答辩等程序，经主管部门批准后，进行选题立项并给予项目经费资助。

③收集科学事实。获取科学事实是选题研究的基础，该阶段的主要工作是按照选题的需求，为问题可能的解决方案以及新的解决方法收集文献资料。

④制订研究方案（计划）。为保证研究工作的顺利进行，在研究工作开展之前应该进行研究方案的构建和设计，制订出详细具体的研究计划。

⑤实验探索。对于材料与化工相关的自然科学领域的科研选题，一般需要做许多实验。在实验探索阶段，需精心设计有关实验，尽量考虑到各种因素对实验结果的影响。由实验得出的结果需经过理论、技术等方面的检验，该过程可能需要多次反复才能完成。

⑥提出科学假说。在获得关于研究对象大量、重要的实验数据后，需要采用科学恰当的数据处理方法，对数据进行处理分析，找出其中的规律，揭示隐藏其中的科学事实，并运用逻辑思维、形象思维、直觉思维的方法进行归纳总结，对研究中所发现的现象及其变化规律做出假定性的解释和说明。这是从经验上升到理论、由感性上升到理性的"飞跃"阶段，科研选题研究是否具有创新性，该阶段的工作至关重要。

⑦总结。一项科研工作完成后，需要对所完成的工作从技术和工作两个层面进行总结和汇报，对所取得的成果包括专利、科研论文、新技术、新标准、培养人才信息等，则需提交主管部门会同专家组进行评估验收。通过验收后，该科研项目才算结题，可以进入下一周期的选题立项与研发工作。

大学生在学校里要多渠道积极主动地关注自己可以申报的科研项目，在参加相关科研项目申报时，一定要熟悉和掌握科研项目申报指南所要求的所有内容，按照要求撰写项目申报书和提交项目申请。

（4）科研论文写作。

科研论文是创新性科学技术研究工作成果的科学论述，是某些理论性、实验性或观测性新知识的科学记录，是某些已知原理应用于实际中取得新进展、新成果的科学总结。科研论文要具有创新性、规范性、逻辑性、科学性和有效性等特点。经过前期科研项目的选题、文献查找、项目实施等过程，虽已经积累了科技论文所需的主要内容，但在开始撰写论文之前，还应当为科研论文制定提纲。制定提纲可以帮助我们树立全局观念，从整体出发，去检验每一个部分所占的地位、所起的作用，相互间是否有逻辑联系，每部分所占的篇幅与其在全局中的地位和作用是否相称，各个部分之间的比例是否恰当和谐，每一个字、每一句、每一段、每一部分是否都为全局所需要，是否丝丝入扣、相互配合，并都为主题服务。科研论文的写作具有一定的规范，论文的主体结构一般包括以下部分：题名、论文作者、摘要及关键词、引言、正文、结论和参考文献。以下是科研论文撰写的详细说明：

①标题。科技论文的标题是论文的画龙点睛之处，是表达论文的特定内容，反映研究范围和深度的最恰当、最简明的逻辑组合，具有吸引读者和帮助文献追踪或检索的作用。论文题目的字数不宜多，结构也不要复杂，但必须遵循一定的原则和技巧。比如：标题必须准确反映论文内容的深度和广度；文字要简练、易懂，字数不宜过多，能吸引读者产生阅读的兴趣；确定题目时应注意用词恰当，使用正确的专业术语，并尽可能流畅易懂，避免使用空泛和华丽的辞藻，避免错别字和已淘汰的术语等。

②摘要及关键词。摘要是对论文的内容不加注释和评论的简短陈述。每一篇完整的论文应有随文摘要。摘要的主要功能是使读者了解论文的主要内容，为科技情报人员和计算机检索提供方便。论文发表后，文摘杂志或数据库对摘要可以不做修改或稍作修改而直接利用，从而避免编写摘要可能产生的误解、欠缺甚至错误。可以毫不夸张地说，摘要质量的高低直接影响着论文的被利用情况和期刊的知名度。关键词则是总结概括摘要的词语。

③引言。大多数科技论文都有引言部分，有些科技期刊在不特别注明的情况下，可以只用一小段文字放在正文的开头部分，起到引言的作用。引言的作用是向读者交代本研究的来龙去脉，起到唤起读者的作用，使读者对论文先有一个总体的了解。综述性、资料性论文通常在引言中介绍国内外相关领域研究的简况、热点、最新进展和存在的问题。创新性、技术性论文通常在引言中介绍本项研究的理论依据、技术方案的选取、要解决的问题等。如果研究的项目是他人从未开展过的，则其创新性是显而易见的，便要说明研究的创新点。但大部分情况下，研究的项目是前人开展过的，这时一定要说明此研究与被研究的不同之处和本质上的区别，而不是单纯地重复前人的工作。如果论文中有一些名词和术语不是同行所熟知的，则应在论文的引言部分予以解释。

④论文主体。论文的主题包括实验材料与方法、结果与讨论等部分，是一篇论文将其主要研究内容和成果详细展示给读者的部分，需要作者花更多的时间和精力完成。材料与化工专业的学生在撰写相关科技类论文时，实验材料、实验方法、实验过程、测试方法和内容、所用主要仪器都是十分重要的组成部分，需要详细写出来。论文主体需要按照预期实验设计，从材料结构形貌表征与分析、测试结果的展示与分析讨论等部分进行详细撰写。撰写过程需要严格根据实际数据进行表述和分析讨论，用词科学严谨，不能以任何方式篡改数据。

⑤论文图表。撰写科技论文时，为了使内容表达更加简明、直观，往往借助图表进行表达。表格是将实验数据、统计结果或事物分类等，按其一定的逻辑关系列表对比的

一种表达形式。表格是一种书面辅助语言，是表达统计资料的一种重要方式，是用文字、符号、图形等结合的方式简单且清晰地记录实验数据统计结果等，是提供大量有用的原始数据或分析数据、可直接比较两个或两个以上的数据集的一个有效手段。表格具有表达力强、易得要领、便于计算和分析比较，以及节省版面等优点。在信息爆炸的今天，表格的运用更加广泛，在科技论文中也是不可缺少的组成部分。制表要求是简单明了、层次清楚、有自明性。插图在学术论文中被广泛使用，能够形象直观地表述相关科学问题。插图包括线条图和照片图，以直观的方法使读者迅速理解事物的形态、结构、变化趋势及其特点，可以缩减烦琐的文字描述。有时插图可以把文字难以表达清楚的情况描绘得一目了然，有些实物照片还具有客观证据的作用，被誉为科技论文的"形象语言""视觉文字"。使用插图时必须要有统一和规范的语言手段，要注意使用相应学科的专业符号，防止乱用和混用国外标准或已经废弃不用的旧标准。插图和表格是科技论文表述的重要形式，插图绘制得准确、规范，表格设计得简明、合理，不仅可以使论文论述清楚、明白，还可以起到活跃、美化、节省版面，提高读者阅读兴趣的效果。

⑥结论。结论是对整篇文章的最后总结。它是在理论分析和实验验证的基础上，通过严密的逻辑推理而得出的富有创造性、指导性、经验性的结果描述。它又以自身的条理性、明确性、客观性反映了论文或研究成果的价值。结论与引言相呼应，同摘要一样，其作用是便于读者阅读和为文献引用者提供依据。结论是论文最终的、总体的总结，对论文创新内容的概括应当准确、完整，措辞要严谨，只能做一种解释，清清楚楚，不能模棱两可、含糊其词。另外，结论应当提供明确、具体的定性和定量的信息，对要点要具体表述，不能用抽象和笼统的语言。需要注意的是，研究成果或论文的真正价值是通过具体"结论"来体现的，不宜用如"本研究具有国际先进水平""本研究结果属国内首创"等语句做自我评价。

⑦参考文献。参考文献是科技论文不可缺少的重要组成部分。继承性是科学的特征，绝大部分科学研究是在学习、借鉴和参考前人工作的基础上完成的，今人的研究成果或研究工作一般都是前人研究成果或研究工作的继续和发展。因此，撰写科技论文时，为了尊重知识产权，参考文献的著录是必不可少的。这样才能便于编辑和审稿人评价论文水平，并与读者实现信息共享。所列参考文献必一般是作者在研究和论文撰写过程中真正参考过的，要实事求是、科学严谨。所列参考文献须按其在文中的先后顺序依次列出，且还应在学术论文正文中的适当位置与后文相同的序号形式标出。一般应选用公开发表的文献，未发表的学术论文、实验报告、内部资料和一般教科书基础知识、保密资料不录入。一般地，作者查阅和利用的文献资料很多，首先将最重要和最关键的文献资料列出，即选择对自己研究最有影响的文献。其次将最新最近的文献资料列出，即选择能反映新观点、新经验、新方法、新技术的文献为主，确保作品的新颖性。最后引用观点必须准确无误，不能断章取义，只有资料翔实才能保障作品的质量与学术水平。作者应遵循相关标准或根据期刊具体要求，采用规范化的格式。

（5）科研论文发表。

科技论文作为科学研究的成果应向科技期刊投稿发表，投稿要做到"有的放矢"，应严格遵循投稿期刊社的撰稿要求和格式要求进行投稿。

首先，投稿前需要选择合适的期刊。一般应根据论文的研究内容，选定研究领域及学科，然后查询相应的科技期刊，了解各期刊的办刊宗旨及收录的论文范围，在确定自己的研究论文属于该刊收录范围后，选择出几个合适的期刊，再参考各期刊的影响影子，确定要投稿的期刊。投稿要讲究一定的策略，科技期刊按照其影响力的大小，大致可以分为 SCI 来源期刊、EI 来源期刊、中文核心期刊及一般科技期刊四大类。另外，期刊影响因子也被作为评价论文质量高低的重要参考标准。因此，在选择投稿期刊时，要充分了解自己论文的质量和所处的水平，综合考虑该期刊是否为 SCI 或 EI 来源期刊、影响因子高低等。此外，还要考虑期刊的公认级别、发表周期以及发表成本等其他因素。科研诚信是极其重要的，投稿一定要实事求是，切忌一稿多投。

其次，论文的发表过程。因为各种期刊对投稿论文的格式要求各不相同，在确定了拟投稿期刊后，作者一定要应该仔细阅读该期刊的投稿指南，根据投稿指南对论文格式规范的要求，对论文进行仔细地整理修改，使论文在形式结构上完全满足该期刊的要求。一般地，不符合格式要求的论文，在审稿之前就会被期刊退回修改。格式修改完成并按照期刊要求准备好相关资料后，便可以进入下一步提交过程。目前，以往采用的纸质打印稿邮寄和电子邮件的提交方式已经很少使用，主要通过网上投稿系统进行提交。目前，国内外大多数期刊均设置有网上论文提交系统，稿件要求通过该系统上传提交。一般需要经过注册、提交论文题目、关键词、摘要、正文、图表和推荐审稿人等多个步骤后，形成一个 PDF 文档，经本人检查无误后，才能上传提交。

（6）学术道德和学术规范。

科研工作者是科学研究和技术开发的中坚力量，是社会进步和发展的宝贵资源。作为科研工作者，一方面会受到社会各个方面的重视；另一方面也要加强其自身修养，锻造自身良好品格，与社会评价相符合。大学生处在科研工作的起步阶段，在这个阶段大学生一定要养成良好的诚信科研精神，树立起正确的学术道德和学术规范，为今后顺利地开展科研工作打下坚实的基础。

大学生要树立学术研究者的道德观念。科学研究就其历史范畴而言，是属于世界性的，是为整个人类的进步事业服务的。因此，每个研究者从事科学研究所遵循的普遍公认的道德观念，是促进科研工作健康发展的前提和保障。这种道德观念主要包括：实事求是，尊重客观规律和科学事实；尊重他人工作，客观、公正地对待自己的成果；参与学术争鸣，善待他人批评，有错必纠；保守科研成果的秘密；认真工作，为国家民族争光。

5.1.4.2　高校第二课堂发表科研论文学分设置

在核心期刊发表，独立完成者可获得 6 学分，合作完成的第一作者可获得 5 学分，合作者中排名第一合作者可获得 4 学分，排名第二合作者可获得 3.5 学分，排名第三合作者可获得 3 学分；在一般刊物发表，独立完成者可获得 3 学分，合作完成的第一作者可获得 2 学分，合作完成的第二作者可获得 1 学分。发表论文的认证及考核由二级学院执行与负责。

5.1.4.3　高校第二课堂发表科研论文实例

大学生通过在学校内参加各种创新创业项目、学科竞赛或参与到教师科研项目中开展各种科学研究，在教师指导下可以完成相关科研论文的写作及发表。以材料与化工专业的科研论文为例，论文已发表期刊文献的首页，页面最上边有期刊名称、本篇文章所刊登的卷、期号等信息。随后是论文的题目、作者、单位信息和中英文摘要，接下来是正文，第一部分为论文的引言，紧接着是实验部分，实验部分包括药品、仪器、试验方法、测试方法等详细信息。首页最下面是文章的收稿信息、项目支撑信息及第一作者和通讯作者的详细信息。上述所有信息的字体、字号等格式各不相同，一般都是按照期刊给予的相关规定进行调整。论文的主体——结果与论证分析部分，该部分列出了主要测试结果并进行分析，与预期实验设计进行对比，最终得出结果。论文投稿后，会经历同行评审，即对论文工作的内容、创新性、取得结果进行评审，并提出修改意见，作者收到意见后进行修改。一般来说，经历过评审、修改并发表的科研论文的研究成果都是在某些方面取得了创新性的进展。论文的结尾主要包括结论和参考文献。

由上可知，一篇完整的论文是完全包含上面提到的所有要素：标题、论文作者、摘要、关键词、引言、正文、结论和参考文献。学生在进行科研论文写作时，需要根据期刊相关要求完成论文的所有要素，并经常与教师进行交流讨论，完善论文里图表、文字等细节信息，一定要秉承严谨求实的态度仔细完成科研论文。

5.1.5 学科竞赛获奖

5.1.5.1 学科竞赛获奖的目的

学科竞赛活动是以课堂讲授知识为基础，利用竞赛的方式培养大学生运用所学知识解决实际的能力，同时，通过实践来发现问题、检验所学知识掌握情况的系列活动。学科竞赛的主旨是培养大学生创造意识和创新精神，全面提高大学生综合素质和动手能力，在培养大学生求真务实的学习态度、敢于探索的科学精神和齐心勠力的团队协作能力等方面发挥着重要作用。在学科建设和课程改革上，学科竞赛也发挥着有着日益重要的推动和引导作用。

5.1.5.2 学科竞赛获奖的考核设置

通过学科竞赛提供的实践活动发现问题、解决问题，增强自身科研能力、创新能力、实践能力、团队协作能力，也成了越来越多的学生的选择。学科竞赛属于提高类模块的学术科技与创新创业类。其学分获得规则如下：参加者（竞赛完毕）可获得1学分，获得国家级一、二、三等奖分别可再获得8、7、6学分，省级一、二、三等奖分别可再获得4、3、2学分，校级竞赛获奖可再获1学分。鉴于目前各类比赛名目繁多、鱼龙混杂让人真假难辨。接下来，将适合材料与化工专业学生参加的，教育部、四川省教育厅认可的比赛项目汇总，以飨读者。

5.1.5.3 学科竞赛获奖的渠道

适合材料与化工专业学生参加的比赛大致可以分为通识类和专业类两大项。通识类比赛主要为各类创业、创意类比赛；专业类比赛则主要是实验技能、化工设计类比赛。具体参赛渠道如下。

渠道一：中国国际"互联网＋"大学生创新创业大赛。

主办单位：中华人民共和国教育部、地方省级政府。

官方网站：全国大学生创业服务网（https://cy.ncss.cn/）。

参赛对象：全球在读大学生。

报名时间：每年 4 月～7 月。

参赛形式：团队参赛，人数 3～15 人。

赛制：校级、省级、总决赛三级赛制，参赛选手要从校赛开始，层层晋级，抵达最终的总决赛。

竞赛简介：

中国国际"互联网＋"大学生创新创业大赛由教育部与政府、各高校共同主办。大赛旨在深化高等教育综合改革，激发大学生的创造力，培养造就"大众创业、万众创新"的主力军；推动赛事成果转化，促进"互联网＋"新业态形成，服务经济提质增效升级；以创新引领创业、创业带动就业，推动高校毕业生更高质量创业就业。

比赛分为高教主赛道、"青年红色筑梦之旅"赛道、职教赛道、萌芽赛道和产业命题赛道五个组别，根据专业不同，各个赛道又分成不同的参赛类别，高等院校主要参加高教主赛道，可以参加：新工科类、新医科类、新农科类、新文科类四个参赛类别。

渠道二："挑战杯"全国大学生课外学术科技作品竞赛。

主办单位：中国科学技术协会、中华人民共和国教育部、中华全国学生联合会和地方省级政府。

官方网站：挑战杯网（http://www.tiaozhanbei.net/）。

参赛对象：普通高等院校全日制在读本专科生、研究生。

比赛时间：每逢奇数年举办，举办前一年的 11 月开始校赛选拔。

参赛形式：个人项目和集体项目两种。个人项目申报要求：申报者必须承担个人项目申报作品 60％以上的研究工作，作品鉴定证书、专利证书及发表的有关作品上的署名均应为第一作者，合作者必须是学生且不得超过两人。集体项目申报要求凡作者超过 3 人的项目或者不超过 3 人，但无法区分第一作者的项目，均须申报集体项目作品。集体作品的作者必须均为学生，最大参赛人数不超过 10 人。

赛制：校级、省级、总决赛三级赛制，参赛选手要从校赛开始，层层晋级，抵达最终的总决赛。

竞赛简介："挑战杯"全国大学生课外学术科技作品竞赛是大学生科研领域的最顶尖赛事，被誉为大学生学术探索与科技创新的大学生"奥林匹克"盛会。比赛分为自然科学类学术论文、社会科学类社会调查报告和学术论文、科技发明制作三个大类。参赛作品可以是科研成果、科技发明创造、社会调查报告，所有参赛作品均需在比赛当年 7 月 1 日的前两年完成，各类毕业论文、受资助科研项目不在此列。

渠道三："创青春"全国大学生创业计划大赛。

主办单位：中国科学技术协会、教育部、中华全国学生联合会和地方省级政府。

官方网站："创青春"全国大学生创业大赛（http://www.chuangqingchun.net/）。

参赛对象：普通高等院校全日制在读本专科生、研究生。

比赛时间：每逢偶数年举办，5 月份开始校赛选拔。

参赛形式：创业团队。所有参赛人员必须均为学生，最大参赛人数不超过 15 人，指导教师不超过 5 人。

赛制：校级、省级、总决赛三级赛制，参赛选手要从校赛开始，层层晋级，抵达最终的总决赛。

竞赛简介："创青春"全国大学生创业计划大赛是大学生课外科技文化活动中一项具有导向性、示范性和群众性的创新创业竞赛活动。比赛分类每届略有不同，大致分科技创新和未来产业、乡村振兴和农业农村现代化、社会治理和公共服务、生态环保和可持续发展、文化创意和区域合作五个组别。按普通高校、职业院校两类分组，实行分类、分组申报。竞赛作品为商业计划书，并进行现场展示、答辩。

渠道四：全国大学生化学实验创新设计竞赛。

主办单位：中国化学会、教育部高等学校国家级实验教学示范中心联席会。

官方网站：全国大学生化学实验创新设计竞赛网（https://cid.nju.edu.cn/redirectActionIndex/0）。

参赛对象：普通高等院校全日制在读本专科生。

比赛时间：每年举办一届，每年 3 月份开始校赛选拔。

参赛形式：团队。每所学校参赛队不超过 3 个，每个参赛队由 1 名队长，2 名队员组成，指导教师不超过 2 人。

赛制：初赛（赛区赛）、决赛两级赛制。

竞赛简介：全国大学生化学实验创新设计竞赛属专业类竞赛，是一项全国性大学生学科竞赛，是目前我国开展范围最广、参赛院校最多、影响力最大的大学生化学学科赛事。比赛初赛为赛区制，全国共分东北赛区、华北赛区、华东赛区、华中赛区、西北赛区、西南赛区、华南赛区 7 个分赛区。7 个赛区共决出 90 支参赛队进入决赛。参赛作品需适用于本科实验教学或者科普宣传，且未在参赛当年（1 月 1 日前）在正式出版物公开发表或在同级竞赛活动中获奖。竞赛按照新创实验、改进实验、科普实验三大类进行分组。竞赛作品为实验报告和实验视频。

渠道五：全国大学生化工设计竞赛。

主办单位：中国化工学会、中国化工教育协会。

官方网站：全国大学生化工设计竞赛网（http://iche.zju.edu.cn/）。

参赛对象：普通高等院校全日制在读本专科生。

时间安排：每年举办一届，每年 3 月报名。

参赛形式：团队。每个参赛队由 1 名队长、4 名队员组成，指导教师不超过 5 人。

赛制：初赛、决赛两级赛制。

竞赛简介：全国大学生化工设计竞赛属于专业类竞赛，是国内化工类级别最高、参赛队伍最多、影响最大的学科赛事。比赛初赛为赛区制，全国分为华东、华南、华西、华北、华中、西北、西南和港澳台 8 个赛区，共决出 48 支参赛队进入决赛。参赛队伍根据竞赛命题和要求，完成《可行性报告》《初步设计说明书》《设备选型及设计说明书》《环境影响评价报告》《经济分析报告》等工厂建设全套资料。竞赛作品提交设计作品的报告、图纸的电子文档，进行现场 PPT 展示和答辩。

渠道六：全国大学生金相技能大赛。

主办单位：教育部高等学校材料类专业教学指导委员会。

官方网站：全国大学生金相技能大赛竞赛网（http://www.mse—cn.com/）。

参赛对象：普通高等院校全日制在读本专科生，往届比赛获得过个人项目三等奖及以上的学生不得参赛。

时间安排：每年举办一届，报名时间见官网。

参赛形式：个人、团体。每所学校 1 支代表队，代表队由 3 名正式队员、2 名后备队员组成。比赛分个人奖和团体奖两项。个人奖项指导教师不超过 2 人，团体奖项（5人）指导教师不超过 4 人。

赛制：省赛、复赛、决赛三级赛制。

竞赛简介：全国大学生金相技能大赛于 2012 年开始举办，2015 年经教育部批准成为材料工程类全国赛事，并于 2019 年纳入教育部发布的"全国普通高校大学生学科竞赛排行榜"，是材料类最高赛事。参赛选手需参加省赛选拔后，进入复赛。复赛阶段，每一位选手均须先后完成两个指定样品的制备。进入决赛后，每一位选手均须完成另外一个指定样品的制备。选手须在 30 分钟内对指定样品的指定端面完成磨制、抛光、浸蚀、显微镜观察等工序，最终制备出供评委评分的样品。处理样品包括但不仅限于球墨铸铁、碳素钢、工业纯铁等；抛光设备为每届比赛举办单位指定，包括但不仅限于水磨砂纸、抛光膏、抛光布、抛光机等；浸湿液、金相显微镜以主办方指定为准。不允许携带使用任何非官方指定设备、耗材。

渠道七：四川省大学生化工设计竞赛。

主办单位：四川省教育厅。

官方网站：四川省本科高校学科竞赛平台（http://scsbk.ycfuture.cn/）。

参赛对象：四川省普通高等院校全日制在校本专科生。

时间安排：每年举办一届，每年 3 月报名。

参赛形式：团队。每个参赛队由 1 名队长、4 名队员组成，指导教师不超过 5 人。

赛制：决赛，单级赛制。

竞赛简介：四川省大学生化工设计竞赛属专业类竞赛，是全国大学生化工设计竞赛的省赛。比赛命题为当年全国大学生化工设计竞赛命题，参赛队伍根据竞赛命题和要求，完成一个模拟化工厂的全套方案设计，评分标准与比赛形式采用上一年度全国大学生化工设计竞赛评分标准和比赛形式。

渠道八：四川省大学生金相技能大赛。

主办单位：四川省教育厅。

官方网站：四川省本科高校学科竞赛平台（http://scsbk.ycfuture.cn/）。

参赛对象：四川省普通高等院校全日制在读本专科生，往届比赛获得过个人项目三等奖及以上的同学不得参赛。

时间安排：每年举办一届，报名时间见官网。

参赛形式：个人。指导教师不超过 2 人。

赛制：初赛、复赛和决赛，三级赛制。

竞赛简介：四川省大学生金相技能大赛属专业类比赛，是全国大学生金相技能大赛中的省赛。初赛为各校自主举办的选拔赛，复赛和决赛集中进行比赛。比赛程序与项目完全参照国大学生金相技能大赛的规则。

渠道九：四川省大学生材料设计大赛。

主办单位：四川省教育厅。

官方网站：四川省本科高校学科竞赛平台（http：//scsbk. ycfuture. cn/）。

参赛对象：四川省普通高等院校全日制在读本专科生。

时间安排：每年举办一届，报名时间见官网。

参赛形式：团队。每团队人数不超过4人。

赛制：初赛、决赛两级赛制。

竞赛简介：四川省大学生材料设计大赛属专业类竞赛，是四川省教育厅主办、认可的省级大学生学科竞赛项目。初赛为各校选拔赛，主办和承办院校可选拔4支参赛队参加决赛，其他院校选拔2支参赛队进入决赛。比赛内容为材料设计，提交的参赛作品需完整包括设计思路、材料概括（组成结构、制作途径、物化性质）、实施计划与预期目标、应用前景及可行性分析四大方面。比赛分为文档评审和现场展示答辩两部分。

渠道十：四川省大学生化学实验竞赛。

主办单位：四川省教育厅。

官方网站：四川省本科高校学科竞赛平台（http：//scsbk. ycfuture. cn/）。

参赛对象：四川省普通高等院校全日制在读本专科生，必须具备化学实验相关知识。

时间安排：每年举办一届，报名时间见官网。

参赛形式：团队。每团队人数不超过5人，随机抽取3人为正式队员，两人为替补队员，每队指导教师不超过2人。每所学校参赛队不超过3支。

赛制：初赛、决赛，两级赛制。

竞赛简介：四川省大学生材料设计大赛属专业类竞赛，是四川省教育厅主办、认可的省级大学生学科竞赛项目。初赛为各校选拔赛，决赛为集中比赛。竞赛题目由竞赛组委会统一命题，并于竞赛当天公布，竞赛内容主要包括化学实验知识测试和综合实验能力测试两个方面。化学实验知识测试：每队抽取1人参加化学实验知识测试；综合实验能力测试：综合实验能力测试采用一套试题考查学生对无机化学、分析化学、物理化学、有机化学、仪器分析等知识与实验技能的综合运用能力和实验方案设计能力，并在规定时间内完成实验报告。

渠道十一：四川省师范生教学能力大赛。

主办单位：四川省教育厅。

官方网站：四川省本科高校学科竞赛平台（http：//scsbk. ycfuture. cn/）。

参赛对象：四川省普通高等院校全日制师范类在读本科生

时间安排：每年举办一届，报名时间见官网。

参赛形式：个人。每所学校每学科决赛不超过1人。

赛制：初赛、决赛，两级赛制。

竞赛简介：四川省师范生教学能力大赛属专业类竞赛，是四川省教育厅主办、认可的省级大学生学科竞赛项目。初赛为各校选拔赛，决赛为集中比赛。在普通多媒体教室以现场课堂教学竞赛的方式进行。竞赛由说课、模拟授课和回答评委提问三个单项竞赛构成，综合评比参赛学生的教学设计、课件制作、说课、讲课、板书等教学基本能力和综合创新能力。除高中英语竞赛使用英语参赛外，其余竞赛统一要求使用普通话参赛。参赛队员需提交教案、说课稿、课件等文字资料，并进行现场授课。

渠道十二：四川省大学生分析检测实验大赛。

主办单位：四川省教育厅。

官方网站：四川省本科高校学科竞赛平台（http://scsbk. ycfuture. cn/）。

参赛对象：四川省普通高等院校全日制在读本科生，必须具备化学及相关实验知识。

时间安排：每年一届，报名时间见官网。

参赛形式：团队。每队 2 人，指导教师不超过 2 人，每所学校 1～3 支参赛队。

赛制：初赛、决赛，两级赛制。

竞赛简介：四川省大学生分析检测实验大赛属专业类竞赛，为四川省教育厅主办、认可的省级学科竞赛。初赛为参赛学校自行组织校级选拔赛，决赛为集中比赛。比赛分为化学理论知识考核和实验操作考核。赛前以抽签方式决定每支参赛队中参加理论考试和实验考试人选。化学理论知识考核主要考查选手对分析检测相关基本化学理论知识的掌握及应用程度，对化学实验室相关的安全操作规程及常识，并考查选手对分析方法的方案设计能力和创新能力；实验操作考核主要考查选手化学分析和仪器分析的实际操作能力和数据处理能力，强调参赛选手的操作规范性，结果的精确度和准确度。

渠道十三：四川省大学生环保科普创意大赛。

主办单位：四川省教育厅。

官方网站：西华大学学科竞赛网（http://xkjs. xhu. edu. cn/main. htm）。

参赛对象：四川省普通高等院校全日制在读本专科生。

时间安排：每年举办一届，报名时间见官网。

参赛形式：个人或团队。

赛制：决赛，单级赛制。

竞赛简介：四川省大学生环保科普创意大赛属通识类竞赛，是四川省教育厅主办、认可的省级学科竞赛项目。竞赛分为视频类和图片类两个组别。视频类包括动画、微电影、采访等形式，时长 2～5 分钟，分辨率为 1920 P×1080 P，MP4 格式；图片类包括绘画、摄影、海报等形式，须有 20 字以内标题，JPG 格式，不得出现组图，分辨率不低于 300 dpi。创意摄影作品，不得小于 2 MB，长边不低于 1024 像素，需提供原始信息；创意设计作品规格 1000 mm×700 mm，长边不低于 1024 像素。作品要求体现生态环境保护基本科学理论、环境污染现象基本原理，并进行合理表述及展现；宣传国家生态文明理念、生态环境保护阶段性成果；弘扬科学精神、普及科学技术知识、倡导科学方法、传播科学思想的内涵。

5.1.6 学生的发明创造

5.1.6.1 高校第二课堂中大学生发明创造的意义

"创新是民族发展的灵魂。"当代大学生作为未来中国创造原创性成果的中坚力量和希望所在，必将承担着民族发展与强盛的历史重任，而大学生未来创新能力很大程度上是通过在校期间的培养来夯实基础、积蓄能量。以往谈到创新人才，总是会优先想到在科学上做出重大发明创造的科学家，似乎只有得了诺贝尔奖级的科研人员才算是创新人才，这其实是一种误区，不利于大学生的创新。创新人才不只是指掌握高、新、尖知识和技术的人才，也可以是具有很强实际动手能力和操作能力的人才。从这个意义上说，创新人才应具备一定的求异思维能力，养成求异思维的习惯，具有较强的实践动手能力，能够对具体问题进行理论分析，提出疑问，敢于批判。能够做到举一反三，运用所学专业理论知识创造性地解决问题，能面对纷繁复杂的现实情况进行理论解释、抽象与概括。通过培养高素质创新人才，不断加快提高原始创新与再创新能力，在关系国民经济命脉、国家安全的关键领域和若干发展前沿，掌握核心技术，拥有一批自主知识产权，对增强我国抵御国际技术风险的能力和提高经济发展的质量具有非常深远的现实意义。

5.1.6.2 高校第二课堂中大学生发明创造的考核标准

大学生发明创造获得一定级别的奖励，发明创造者可获得学分与参加的科技竞赛获奖相同。对于没有获得奖励，但实用性较强，有一定开发价值的发明创造，发明创造者可获得1～4学分。

5.1.6.3 高校第二课堂中大学生发明创造的参考方法

发明创造的方法有很多，现以材料与化工专业为例，分享几种常用的发明创造的方法。

（1）创造奇迹的组合发明法。相同或不同的事物，经适当的组合会创造出另一种新事物，并且会产生难以预料的作用。这是一种古老而又新颖的发明创造方法。例如，饭锅和电炉组合在一起发明了电饭锅，水杯加上保温层发明了保温杯。总之，根据需要把不同的事物有机结合，就有可能创造出新事物。但是，组合方法不是简单地叠加，它需要将现有的知识、技术、工艺和智慧进行合理的综合开发，从而在科学的基础上，创造出新的技术和产品，才算是体现了组合发明法的真谛。

（2）行之有效的联想发明法。联想就是由某种事物想起与它有关的事物。联想发明法是人类认识、研究和运用较早的一种方法。一些学者曾把古希腊哲学家亚里士多德的联想观点发展为联想的方法，即在空间或时间上接近的联想形成接近联想（如由铅笔联想到橡皮擦，由水库联想到水力发电）；由对立关系的事物形成对比联想（如由热想到冷，由高想到低）。例如，对发泡技术的联想产生了一系列意想不到的新发明。最早发泡技术的运用当属我国的馒头；后来，又有发泡橡胶、发泡塑料等一系列产品。学习使知识不断丰富，这正是创造发明的宝藏，而为了开发和运用这些宝藏，联想正是一种行之有效的思维方法。

（3）使用不尽的变化发明法。变化的内容极为丰富，不仅有材料、颜色、体积、质量，还有工艺、操作方法等，几乎是无穷无尽的。由变化所带来的成果、优势也是无穷无尽的。例如，当今的服装，竞争的焦点无非是在服装的材料、色彩、性能等方面。谁能在变化上顺应潮流，适应消费者的需求，谁就能争得市场。历史事实证明，变化发明法为创造者提供了施展才华的广阔天地，也给社会增添了效益。

5.1.7　学术讲座

5.1.7.1　高校第二课堂开展学术讲座的意义

学术讲座简称讲座，是某一专业领域的学者将知识在短时间内通过讲演的形式传授给听众（学生）。讲座是大学校园内主流课程之外一个重要的传授知识、培养人才的途径。学术讲座所涉及内容一般是一些前沿性的研究和进展，也有一些基础性的理论，还包括一些好的研究方法和手段，甚至是一些演讲者的奋斗经历和科研趣事。通常，大学生主要学习本专业的知识，对其他专业的知识了解不多，一场好的讲座可以拓展学生的知识面，开阔学生的眼界，甚至可能影响学生原有的思维方式。大学生积极参加学术讲座，有机会与来自各行各业的人接触，能从中听到许多在校园和平常学习中接触不到的事情；在学术科研讲座上，有机会了解当前最新科研动态，学习专家、学者潜心研究的成果，聆听他们的观点和见解，了解他们学术人生的平凡与伟大；通过参加不同领域里的学术讲座，激发学生的创新思维，提高学生的专业水平，同时也激励学生参与更丰富的课外科技、就业、创业活动中，不断地磨炼自身素质能力与技能。学术讲座一种特殊的校园文化载体，是专家、学者多年科研和教学成果的展示，凝结着他们的智慧和心血，将学术讲座纳入大学生第二课堂中，大学生作为这种教育形式的受体，积极参加学术讲座，对专业隐性知识的积累和自身创新能力的提高有着重要作用。高校邀请专家开展学术讲座是为了同行之间进行及时沟通交流、共同进步。大学生要充分认识到学术讲座的重要作用，通过在大学阶段参加各种学术活动，为今后工作或继续深造打下良好的基础。大学生参加学术讲座活动并充分发挥其作用，需要做好以下几点。

（1）掌握参加学术讲座活动的方法。

目前，高等院校每年都会举办很多学术活动，其中学术讲座是最常见的学术活动，也是大学生最容易参与的学术活动，学校或学院通常也是鼓励大学生参加相关学术活动。掌握参加学术讲座活动的方法，尽可能多地参加学术讲座活动，让其成为提高自我学习能力的重要途径和交流方式。参加学术讲座，就要了解学术讲座的相关信息。一般学术讲座的发布平台都是以海报的形式粘贴在学院门口和校图书馆宣传栏，经过这些地方时注意一下，就可以看到讲座信息，看到后要及时通过手机拍照或者笔记下学术讲座的时间、地点、主讲人、题目或内容简介。综合几个讲座信息，看看是否与自己的课堂时间有冲突，然后选择有时间听讲的讲座。学校或学院也要加强学术活动的宣传，可以由辅导员通过班级群及时将学术报告信息发给学生。

（2）学会听学术讲座的方法。

听学术讲座讲究一定的方法，听讲座之前要预先了解讲座的主题，讲座主讲人的基本情况，如研究方向和发表的学术作品。然后，根据自己的研究兴趣，确定一个自己感兴趣的问题，最要紧的是带着问题听讲座，而不是带着教师的任务去听讲座。听讲座的过程就是解决问题的过程，如果听完讲座，自己的问题也解决了，说明听讲座的基本效果达到了。如果听完讲座又产生了新的问题，则可以在讲座最后的互动环节与主讲人互动，而且主讲人一般会留下交流方式，因此也可以在讲座结束后与主讲人交流。

（3）了解参加学术讲座的关键。

讲座的最后环节一般是互动活动。听众可以向主讲人提问题，这就是前面提到的带着问题听讲座。如果有互动活动，而原本就带着问题来听讲座的学生有充分的准备，就可以和主讲人开展互动，这样就能发挥互动活动的学术交流作用。因此，互动活动往往就是学术讲座的点睛之笔，关于学术讲座的最后评价也会体现在这一问一答中，学问其实就是互动活动的实质内容。由于大学生知识储备尚不完善或专业知识深度不够，因此在讲座互动活动环节往往需要花更多的精力和时间准备。

5.1.7.2　高校第二课堂参加学术讲座学分设置

每听1次报告并填写学术活动记录表或形成相关文字资料，计0.25学分，累计参加4次获1学分。"学术讲座"活动的认证及考核由二级学院执行与负责。

5.1.7.3　高校第二课堂学术讲座实例

当前，高校通过校际交流或者通过教师本身科研需求邀请其他学院或外单位的专家学者到本学院开展学术讲座，通常与该学院专业设置密切相关，大学生可以通过参加此类学术讲座，拓宽自身的知识面和眼界，某学术讲座实例如下：

讲座通知：××年××月××日下午14：30—16：30，在××教学楼××教室，举行学术讲座。

讲座人：××教授（国家重大研究计划××首席科学家、国家杰出××获得者、国家重大××大平台首席科学家、××市白玉兰荣誉奖获得者等）。

讲座内容：新药的发现——新化合物、新材料到临床转化。

海报和通知应当对该学术讲座的时间、地点、内容、主讲人信息都有详细的介绍。辅导员可将相关信息通过班级群通知到相关专业学生，学生通过观看海报内容或班级群消息关注到相关学术报告信息，再根据自身专业特点和时间安排参加学术报告活动。

近几年，由于受到新型冠状病毒肺炎疫情的影响，很多高校的学术讲座活动不能在线下具体开展，进而转向线上开展，如某高校发布的线上学术讲座，线上学术讲座的开展为大学生提供了更加灵活的参与方式，学生只要掌握到相关时间信息，由于没有地点要求，只需要根据自己的时间安排便可以参加相关学术讲座活动。

5.2　艺术体验与审美修养类

本节主要内容为艺术教育类、参加大学生艺术展演活动、其他文化艺术活动和大学生素质培训班，皆为选修环节。艺术体验与审美修养类具体内容如下。

5.2.1　艺术教育类

5.2.1.1　高校第二课堂中艺术教育类的目的与意义

艺术教育作为人文学科的一个分支，旨在塑造人、教育人、全面发展人。"促进个性的全面发展"与"塑造完美的人格和提高人的道德修养"是艺术教育的两大基本功能。艺术教育是促进个体心理发展的有效途径，是通过学生的艺术创造和艺术欣赏来实现的。在艺术活动中，如果没有丰富的个性参与，艺术活动就会显得单调乏味。同样，艺术活动的有效开展，将丰富学生原有的个性色彩并相应地拓展学生个性心理的形成。艺术教育与科学教育的重要区别在于情感。艺术作为人类的精神家园，可以使人们的视觉体验和情感体验得以丰富，并激发人们对现实生活的强大忍耐力，可以使人超越现实和物质功利，使人格和道德完美。其目的是使人在艺术学习、艺术创造和艺术欣赏的过程中，与艺术本身的魅力相共鸣，从而产生和积累丰富的艺术审美体验，让人感觉丰富、高尚、纯真。总的来说，艺术教育就是以自身独特的规律——健全舞台、旋律、力度、节奏、线条、色彩等，给人情感、意识渲染、理解。最终通过审美主体的审美经验对自身心理感受和道德情操、精神和人格进行升华与完善。高校艺术教育是推广艺术文化的主要途径，高校"第二课堂"更加重视文艺项目在培养大学生立德树人中的重要作用，坚持"艺术教育大众化"目标，即艺术教育对象不设限制，既包括艺术专长的学生也包括普通学生。第二课堂通过校园艺术产品创作，充分发挥艺术教育在塑造大学生价值观念、提高综合素质中的独特作用。同时，艺术教育能启发学生心灵，促使其拥有健全的人格、健康的生活及完整的心理，为学生充实地度过人生提供强有力的支持，对培养学生审美感受力、创造表现力及形象思维力，具有积极作用。而且，开展艺术教育能提升学生的自身修养，发展学生的个性，真正做到陶冶学生情操及启迪学生智慧，符合大学文化中培养学生积极向上的生活态度及丰富思想体系的要求，全方位体现高校以学生为本的育人格局，有助于实现适应大环境下求发展的人才培养目标。

5.2.1.2　高校第二课堂的艺术教育类考核设置

参加校、院两级大学生艺术团并完成相应课程学习及活动可以获得1学分。

5.2.2　参加大学生艺术展演活动

5.2.2.1　高校第二课堂中参加大学生艺术展演活动的目的与意义

全国大学生艺术展演活动自 2005 年开始，每三年举办一届，是落实中共中央、国务院全面加强和改进新时代学校美育工作要求，展示高校艺术教育成果和大学生青春风采的艺术盛会，是我国目前规格最高、规模最大、影响最广的大学生艺术展演活动。通过大学生艺术展演活动在丰富高校学生的精神世界与学习生活、提高学生艺术修养等方面具有重要的意义与价值。同时，许多学生也在活动中产生对优秀传统文化的强烈认同感并感受到传统文化的魅力，受益匪浅。下面将以 2021 年举行的全国第六届大学生艺术展演活动为例进行简单介绍，主要包括指导思想、活动主题、活动原则、活动项目、对象和分组、活动安排、奖励办法和组织管理八个板块。

以习近平新时代中国特色社会主义思想为指导思想，全面贯彻党的教育方针，落实立德树人根本任务，坚持以社会主义核心价值观为引领，坚持根植中华优秀传统文化深厚土壤，坚持以美育人、以美化人、以美培元，用艺术陶冶情操、塑造美好心灵，引导广大师生有信仰、有情怀、有担当，不辜负党的期望、人民期待、民族重托，树立高远的理想和家国情怀，把展演活动作为学校美育培根铸魂的重要载体，培养德智体美劳全面发展的社会主义建设者和接班人。

5.2.2.2 高校第二课堂的参加大学生艺术展演活动考核设置

参加大学生艺术展演活动每人可获得 1 学分，获得省级一、二、三等奖再加 4、3、2 学分，获得国家一、二、三等奖再加 8、7、6 学分。

5.2.2.3 案例剖析

（1）活动主题。

本届展演活动的主题是：奋斗·创新·奉献。展演活动的项目和内容要紧紧围绕主题，展现当代大学生与中国共产党同行、与祖国同行、与时代同行、与人民同行、与梦想同行的价值追求；展现当代大学生胸怀忧国忧民之心、爱国爱民之情，奉献祖国、奉献人民的远大理想抱负；展现当代大学生勇担时代责任、勇于砥砺奋斗、勇于创新创造，开拓进取、甘愿奉献，追求更有高度、更有品位的人生境界。

（2）活动原则。

①坚持立德树人。培育和践行社会主义核心价值观，大力弘扬中华优秀传统文化，继承革命文化，发展社会主义先进文化，大力弘扬爱国主义精神，培养学生深厚的民族情感，引领学生坚定文化自信，增强文化自觉。

②坚持面向全体。坚持育人性、公平性、群体性，提倡学校开展班级、年级、院系展示活动，通过丰富多彩的艺术实践活动提升学生审美和人文素养，努力让每个学生成为展演活动的受益者。

③坚持弘扬中国精神。坚守中华文化立场、传承中华文化基因，坚持创造性转化、创新性发展，通过展演活动弘扬中国精神、传播中国价值、凝聚中国力量，切实增强学生的文化主体意识和文化创新意识。

④坚持机制创新。不断完善活动"三阶段"推进机制，抓实抓好高校开展普及活动、省级集中展演和全国现场展演三阶段工作，建立健全普及参与、交流学习、协同推进工作机制，展示成果，引领方向。

（3）活动项目。

展演活动的项目分为艺术表演类、大学生艺术实践工作坊、艺术作品类（含学生艺术作品和高校校长书画摄影作品）、高校美育改革创新优秀案例四大类。艺术表演类包括声乐、器乐、舞蹈、戏剧、朗诵；大学生艺术实践工作坊包括艺术与科技、艺术与校园、艺术与生活、艺术与美丽乡村四部分；学生艺术作品类包括绘画、书法和篆刻、摄影、设计、微电影，高校校长书画摄影作品类包括绘画、书法和篆刻、摄影；高校美育改革创新优秀案例包括高校美育教师队伍建设、高校公共艺术课程建设与教学改革、高校专业艺术人才培养模式改革创新、高校艺术师范教育教学改革等方面。

（4）对象和分组。

艺术表演、大学生艺术实践工作坊和学生艺术作品的参加对象为全日制普通高校的在读本科生、专科生及全日制研究生，分为甲、乙两个组别，甲组为非艺术类专业的学生，乙组为艺术类专业的学生。艺术表演和艺术作品应以非艺术类专业学生为主，艺术实践工作坊应以艺术类专业学生为主。高校校长书画摄影作品的参加对象为高校校级党政领导干部。高校美育改革创新优秀案例的参加对象为全国普通高校、各级教育行政部门、有关教研科研单位。

（5）活动安排。

高校开展活动阶段，2019 年 9 月至 2020 年 6 月，以高校为单位，组织开展内容丰富、形式多样的艺术活动。高校要将艺术展演与艺术课程、学生艺术社团、校园文化建设相结合，与重大历史事件纪念日和传统节日相结合，发动全体学生参与，形成"校校有活动、人人都参加"的局面，鼓励大学生艺术社团深入基层、宣传展演、服务社会。省级集中展演阶段，2020 年 7 月至 12 月，各省级教育行政部门按照要求组织开展省级集中展演活动，并于 2020 年 11 月中下旬，将本地展演活动艺术表演类、大学生艺术实践工作坊、艺术作品类、高校美育改革创新优秀案例和省级展演总结等相关材料报送全国展演活动组委会。全国现场展演阶段，2021 年 4 月，教育部和四川省人民政府共同举办全国现场展演。现场展演内容为艺术表演节目现场展演、大学生艺术实践工作坊展示、优秀艺术作品展览、高校美育改革创新优秀案例报告会、学生社会实践活动、现场展演开闭幕式。

（6）奖励办法。

①奖项设置。设优秀组织奖、艺术表演奖、学生艺术实践工作坊奖、艺术作品奖、指导教师奖、优秀创作奖、校长风采奖和优秀案例奖。

A. 优秀组织奖：设省级教育行政部门和高校优秀组织奖。艺术表演、学生艺术实践工作坊奖、学生艺术作品奖各项目分设一、二、三等奖。

B. 指导教师奖：奖励艺术表演节目和学生艺术实践工作坊获一、二、三等奖的指导教师（每个节目和工作坊不超过 3 名），以及艺术作品获一、二等奖的指导教师（每件作品限 1 名，微电影不超过 3 名）。

C. 优秀创作奖：奖励为本届展演活动原创的优秀艺术表演节目作品。

D. 校长风采奖：奖励高校校长绘画、书法、篆刻、摄影优秀作品的作者。

E. 优秀案例奖：设一、二、三等奖。

②评选办法。

A. 优秀组织奖：省级教育行政部门优秀组织奖由全国展演活动组委会根据各地展演活动的组织情况进行评选，高校优秀组织奖由各省级教育行政部门按本地参加展演活动的高校总数 10% 的比例评选推荐名单，报全国展演活动组委会认定。

B. 艺术表演奖、学生艺术实践工作坊奖、艺术作品奖、优秀创作奖、优秀案例奖、校长风采奖、指导教师奖：各省级教育行政部门按规定数量推荐报送本地节目、工作坊、作品、案例，全国展演活动组委会组织专家评选。

（7）组织管理。

一是各地各高校要切实加强组织领导，将展演活动纳入年度工作计划，与年度美育工作同部署、同落实、同检查。要落实活动经费，按照展演活动要求制订活动方案和安全预案，完善工作机制，整合相关资源，增强活动实效。二是各地各高校要抓住艺术展演活动的契机，营造格调高雅、富有美感、充满朝气的校园文化环境，坚持勤俭节约和量力而行的原则，务实创新，力戒形式主义。三是各地各高校要及时总结经验，发挥示范引领作用。要加强宣传，运用报刊、广播、电视、网络以及微博、微信等平台载体，广泛宣传报道展演活动的特色和亮点，扩大展演活动的社会影响力。

5.2.3 其他文艺活动

5.2.3.1 高校第二课堂中其他文艺活动的目的与意义

文艺活动是高校对大学生教育的重要载体，是大学生娱乐身心的主要方式，是落实立德树人根本任务的现实要求。文艺具有审美、娱乐和教育的功能，这三种功能的综合作用，实现了文艺育人的功效。随着社会的迅速发展，在经济水平、文化建设等方面有了不断地提升，高校校园文艺活动形式与内容多种多样。根据文艺活动的特点，可将文艺活动分为高校传统文艺活动和高校新型文艺活动。高校传统文艺活动主要是通过吹、拉、弹、唱、跳等技艺将作品提供的人物形象、故事情节、情景气氛等场景展现出来，发挥文艺娱乐与教育的作用。在"互联网＋"时代，人们的需求相较于以往有了明显的提高，对文艺活动的观看方式和内容需求也存在一定的特殊性，充分利用新媒介平台（抖音、快手等），实现多途径复合传播。同时，加大线上文艺活动的展示力度，突破时空的限制，拓宽文艺活动的传播路径，使得文艺活动的影响力更持久，覆盖面更宽广。随着"互联网＋"融入文艺活动中的发展，文艺活动的传递的价值也逐渐多元化。对于传统的文艺活动，向观众传递的主要是娱乐价值和思想价值；而现今社会短视频中的文艺活动通常传递着经济价值。总体来说，高校文艺活动通过将社会主义核心价值观、思想道德规范和日常行为准则等融入文艺作品中，促使学生在设计、展示和观看的过程中不断进行自我教育和自我调节，进而养成良好的道德品质和规范的文明行为。与此同时，通过文艺活动的组织和开展，有助于提高大学生的人际交往能力和组织协调能力，使大学生的综合能力得到全面提升。

5.2.3.2 高校第二课堂的其他文艺活动考核设置

参加校、院两级文艺活动可获得 1 学分，获奖再加 1 学分。

5.2.4 大学生素质培训班

5.2.4.1 高校第二课堂中大学生素质培训班的目的与意义

21 世纪以来，人们的价值取向伴随各自的条件、信念与选择的不同，呈多样化、多向化、多维化、多层化、立体化的发展趋势。受到唯科技主义、唯物质主义、唯功利主义和唯享乐主义的冲击与影响，当代大学生陷入价值困惑。大学生素质培训班的创建既是对提高当代大学生综合素质形成的一次探索，也是形成校园文化、校园精神、人文氛围不可或缺的关键部分。大学生素质培训班以各类活动为载体，开阔学生视野，促使学生良好习惯和高尚情操，旨在提高学生的综合素质，使其树立远大的理想，让广大学生成为全面发展的和谐公民。

5.2.4.2　高校第二课堂的大学生素质培训班考核设置

每参加 1 门大学生素质培训班的课程学习并顺利结业可获得 1 学分。

5.2.4.3　大学生素质培训班内容

大学生素质培训班培训内容按职业素质分类如下：

（1）身体素质类：指体质和健康（主要是生理）方面的素质。

（2）心理素质类：指认知、感知、记忆、想象、情感、意志、态度、个性特征（兴趣、能力、气质、性格、习惯）等方面的素质。

（3）政治素质类：指政治立场、政治观点、政治信念与信仰等方面的素质。

（4）思想素质类：指思想认识、思想觉悟、思想方法、价值观念等方面的素质。思想素质受客观环境等因素影响，例如家庭、社会、环境等。

（5）道德素质类：指道德认识、道德情感、道德意志、道德行为、道德修养、组织纪律观念方面的素质。

（6）科技文化素质类：指科学知识、技术知识、文化知识、文化修养方面的素质。

（7）审美素质类：指美感、审美意识、审美观、审美情趣、审美能力方面的素质。

（8）专业素质类：指专业知识、专业理论、专业技能、必要的组织管理能力等。

（9）社会交往和适应素质类：主要是语言表达能力、社交活动能力、社会适应能力等。社交适应是后天培养的个人能力，职业素质的另一核心之一，侧面反映个人能力。

（10）学习和创新方面的素质类：主要是学习能力、信息能力、创新意识、创新精神、创新能力、创业意识与创业能力等。学习和创新是个人价值的另一种形式，能表达个人的发展潜力以及对企业的价值。

结　语

第二课堂是"三全育人"综合改革的一项重要内容，作为深化高校共青团改革的重要举措，需要认真抓好落实。第二课堂是指文化、科技、艺术、体育、社会实践、志愿服务、课外实训等各类课外活动，作为第一课堂的有机补充，通过客观记录、有效认证、科学评价学生参与第二课堂的经历和成果，有助于发挥学生学习主体主观能动性，培养学生的积极性和创造性，有助于提高学生实际运用的能力、创造性思维能力以及对知识的拓展和创新能力。第二课堂能够提高大学生的综合素质，培养具有创新精神和实践能力的人才。第二课堂是大学生提高思想品德修养的重要载体，有助于大学生非智力因素的培养、素质能力的提高，能直接影响到学生未来的职业选择和人生走向等。第二课堂是高校思想教育的新阵地、高校团学工作的新变革、高校教育体系的新模式和高校人才评价的新方式。

本书主要从第二课堂的建设在应用型本科教育、应用型本科院校及人才培养中的重要性、第二课堂的概论与体系、第二课堂的基础类模块、发展类模块和提高类模块等方面展开，以材料与化工专业为例进行理论与实践分析。侧重于介绍第二课堂的三个模块：第一，第二课堂的基础类模块培养学生基础能力，主要包括思想政治与道德修养类、心理素质与身体素质类、社会实践与志愿服务类。思想政治与道德素养类涵盖理想信念教育、爱国主义教育和思想道德建设等方面，主要记载大学生参加党校团校、青马工程培训和思想引领类活动等经历以及获得的相关荣誉；心理素质与身体素质类涵盖心理健康教育、情感情绪管理和身体素质训练、劳动教育等方面，主要记载大学生参与心理、情感、体育、劳动类活动的经历以及获得的相关荣誉；社会实践与志愿服务类涵盖社会责任感和感恩奉献等方面，主要记载大学生参与"三下乡"社会实践和各类志愿服务的经历以及获得的相关荣誉。第二，第二课堂的发展类模块培养学生发展能力，主要包括文化沟通与交往能力类、社会工作与领导能力类。文化沟通与交往能力类涵盖语言表达、团队合作和跨文化交流等方面，主要记载大学生参与团队训练、演讲辩论和跨文化交流活动的经历以及获得的相关荣誉；社会工作与领导能力类涵盖自我管理与提升、领导力培养等方面，主要记载大学生参加校内各种党团学组织工作任职履历、在校外的社会工作履历等经历以及获得的相关荣誉。第三，第二课堂的提高类模块培养学生创新创业能力、个性特长等社会竞争能力，主要包括学术科技与创新创业类、艺术体验与审美道德修养类。学术科技与创新创业类涵盖专业基础能力测试，专业学术、科学研究和创新创业教育等方面，主要记载大学生参加学科竞赛、科技竞赛和创新创业类活动等经历以及获得的相关荣誉；艺术体验与审美修养类涵盖通识教育、艺术素养教育和精品文学鉴赏等方面，主要记载大学生参与文学、艺术和人文素养类活动等经历以及获得的相关荣誉。通过以上第二课堂理论与实践分析，为材料与化工专业第二课堂和第二课堂成绩单教学与管理工作提供借鉴。

　　围绕高校育人的中心任务，就学习就业创业、创新创造实践、身体心理情感、志愿公益和社会参与等普遍需求，以材料与化工专业第二课堂的理论与实践为例，以服务学生为中心，采用课内课外多方协同育人模式，加强与学校、家庭、社区、企业等相关部门和社会各界的合作，彰显第二课堂的知识性、教育性、价值性、普遍性和专业性，实现高校第二课堂成绩单的简便多样性、灵活开放性和客观测量性，给第二课堂成绩单教学和管理工作在规范化、课程化和制度化等方面提供一定参考，突出第二课堂成绩单的结果应用和价值发掘，推动第二课堂成绩单成为材料与化工专业学生在校期间评奖评优、推优入党以及企业单位选人用人等的重要依据。

参考文献

[1] 袁兴国. 美国应用型本科教育的实践探析 [J]. 江苏高教，2009 (3)：147-149.

[2] 杨春春，刘俊萍. 中外应用型本科教育人才培养模式比较研究 [J]. 南京工程学院学报（社会科学版），2007，7 (3)：25-28.

[3] 李平. 借鉴德国职业教育先进经验探索应用型本科教育之路——基于德国应用技术大学办学特色的思考 [J]. 武汉商业服务学院学报，2012，26 (3)：60-62.

[4] 蒋虹. 能力本位的应用型本科教育的能力探析 [J]. 长江丛刊，2020 (24)：129-130.

[5] 胡万山. 中国应用型本科教育发展 70 年：历程、经验及展望 [J]. 黑龙江高教研究，2020，38 (7)：34-38.

[6] 陈小虎. "应用型本科教育"：内涵解析及其人才培养体系建构 [J]. 江苏高教，2008 (1)：86-88.

[7] 联合国科教文组织研究所. 国际教育标准分类法 2011 [M]. 蒙特利尔：联合国科教文组织统计研究所，2013.

[8] 潘懋元. 新编高等教育学. [M]. 北京：北京师范大学出版，1996.

[9] 鲁昕. 鲁昕在 2011 年全国教育工作会议上的讲话 [N]. 中国教育报，2011-02-28 (5).

[10] 中共中央　国务院. 中共中央　国务院印发《深化新时代教育评价改革总体方案》[EB/OL]. (2022-10-13)　[2020-08-01]. http：//zqb. cyol. com/html/2018-07/05/nw. D110000zgqnb＿201807 05＿4-01. htm. 6.

[11] 中共中央. 中共中央关于制定国民经济和社会发展第十四个五年规划和二〇三五年远景目标的建议 [EB/OL]. (2020-11-03) [2020-08-01]. http：//cpc. people. com. cn/n1/2020/1013/c419242-3 1890543. html

[12] 刘兴，刘婷. 高质量应用型本科教育内涵及创新路径研究 [J]. 长春教育学院学报，2020，38 (1)：14-23.

[13] 潘懋元. 应用型人才培养的理论与实践 [M]. 厦门：厦门大学出版，2011.

[14] 王森浩. 应用型本科高校开展课程思政建设路径研究 [J]. 长春大学学报，2022，32 (2)：73-76.

[15] 冯年华，张文妍. 应用型本科教育课程目标体系构建及持续改进机制的建立——基于课程思政建设的角度 [J]. 金陵科技学院学报（社会科学版），2021，35 (1)：71-76.

[16] 刘利. 应用型本科高校"课程思政"的实现路径探究 [J]. 传播力研究，2020，4 (9)：147-148.

[17] 王伟青，魏丛，杨文靖. 应用技术型本科高校"课程思政"改革中遇到的问题及对策 [J]. 吉林教育，2021 (26)：39-40.

[18] 中华人民共和国教育部. 教育部关于印发《高等学校课程思政建设指导纲要》的通知 [EB/OL]. (2020-05-28)　[2022-08-01]. http：//www. gov. cn/zhengce/zhengceku/2020-06/06/content＿5517 606. htm.

[19] 杨月梅，陈忠民. "互联网＋"背景下高等数学课堂教学刍议——基于慕课、微课、翻转课堂的探究 [J]. 教育探索，2018 (3)：74-77.

[20] 黄荣怀，刘德建，刘晓琳，等. 互联网促进教育变革的基本格局 [J]. 中国电化教育，2017

（1）：7-16.

[21] 吕婷婷，王娜．基于 SPOC＋数字化教学资源平台的翻转课堂教学模式研究——以大学英语为例 [J]．中国电化教育，2016（5）：85-90，131.

[22] 晁晓洁，杨佳义，李洁．以信息化助力智能工程学科群"金课"建设 [J]．南方农机，2020，51（17）：154-155，162.

[23] 吴丽丽．线上线下混合式教学模式改革探究——以应用型本科院校电子商务专业课程建设为例 [J]．无线互联科技，2020，19（4）：127-129.

[24] 胡相和，刘丽娜，徐倩丽，等．"互联网＋教育"背景下应用型本科线上教学情况调查研究 [J]．电脑知识与技术，2021，17（20）：225-226，235.

[25] 杨君，阮承治．疫情影响下应用型本科"数控加工及 CAM"线上教学改革与实践 [J]．武夷学院学报，2020，39（12）：67-71.

[26] 张伟光，李金龙，梁继宏，等．应用型高校化学工程基础课程教学模式的探讨 [J]．化工时刊，2021，35（2）：48-49.

[27] 邵泽义．信息技术与学科教学的整合 [J]．中国电化教育，2001（11）：33-35.

[28] 孙笑微．"互联网＋"时代下"雨课堂"在课程中的教学改革实践研究 [J]．沈阳师范大学学报（自然科学版），2018，36（1）：92-96.

[29] 杨善江．产教融合：产业深度转型下现代职业教育发展的必由之路 [J]．教育与职业，2014（33）：8-10.

[30] 陈国龙．高质量应用型本科教育体系的构建与实践 [J]．福建江夏学院学报，2021，11（5）：1-7.

[31] 国务院办公厅．国务院办公厅印发《关于深化产教融合的若干意见》[EB/OL]．（2017-12-20）[2022-08-01]．http：//www.moe.gov.cn/jyb_xwfb/s5147/201712/t20171220_321977.html

[32] 魏中林．面向 2035 的一流应用型本科教育发展 [J]．高教探索，2019（11）：5-8.

[33] 李志鸿．地方本科高校"新工科"建设的四个基本问题 [J]．黑龙江高教研究，2018（12）：40-43.

[34] 杨保成．数字化转型背景下地方应用型本科高校的教育创新与实践 [J]．高等教育研究，2020，41（4）：45-55.

[35] 彭琪珺，黎大志，陈伟．新建地方本科院校的应用型转型：主要类型和重点领域 [J]．云梦学刊，2018，39（6）：114-119.

[36] 王丽伟，连欢，诸葛文凤，等．应用型本科院校学科专业群建设与人才培养的探索 [J]．轻工科技，2022，38（4）：171-173.

[37] 黄惠，丁莉萍．论应用型本科院校办学定位 [J]．江苏高教，2012（5）：67-68.

[38] 王维坤，温涛．应用技术大学：新建本科院校转型发展的现状、动因与路径 [J]．现代教育管理，2014（7）：80-83.

[39] 陶好飞，陈玲，黄戈林．高校"第二课堂成绩单"制度关键结构及发展研究 [J]．新疆师范大学学报（哲学社会科学版），2019，40（4）：137-144.

[40] 蒋志勇．浅析高校第二课堂的育人功能及其管理 [J]．教育与职业，2008（23）：62-63.

[41] 梁樑．大学生第二课堂指南 [M]．合肥：合肥工业大学出版社，2020.

[42] 朱国军，陈文娟．高校第二课堂成绩单建设的探索与实践 [M]．苏州：苏州大学出版社，2020.

[43] 宋洪峰，余晶莹．全面发展视域下高校第二课堂素质育人新解 [M]．北京：光明日报出版社，2019.

[44] 朱九思，蔡克勇，姚启和．高等学校管理 [M]．武汉：华中工学院出版社，1983.

[45] 王国辉，陈明，周志强．高等学校第二课堂素质拓展学分化研究［M］．沈阳：辽宁大学出版社，2006.

[46] 共青团中央　教育部．共青团中央、教育部印发《关于在高校实施共青团"第二课堂成绩单"制度的意见》［EB/OL］．（2018-07-5）［2022-08-01］．http：//zqb. cyol. com/html/2018-07/05/nw. D 110000zgqnb _ 20180705 _ 4-01. htm.

[47] 成瑶．高校第二课堂人才培养模式研究［D］．咸阳：西北农林科技大学，2010.

[48] 丁丹，王芝华．高校第二课堂育人模式探析［J］．湖南科技学院学报，2008，29（2）：103-105.

[49] 乐上泓．高校第二课堂成绩单制度体系的理论与实践探索——以闽江学院为例［M］．北京：光明日报出版社，2021.

[50] 庞国伟，姜利寒，龙柯．高校第二课堂建设：以立德树人和人才培养为中心［M］．成都：四川大学出版社，2020.

[51] 彭巧胤．高校第二课堂课程建设的探索与思考［J］．教育与职业，2011（5）：147-148.

[52] 严毛新．我国高校第二课堂活动的现状及对策［J］．浙江工商大学学报，2006（1）：81-85.

[53] 刘奇．高校第二课堂建设研究［J］．教育与职业，2014（6）：41-42.

[54] 中华人民共和国民政部．22部门印发《关于加强心理健康服务的指导意见》［EB/OL］．（2017-01-24）［2022-08-01］．http：//www. gov. cn/xinwen/2017-01-24/content _ 5162861. htm? from＝tim eline&. isappinstalled＝0♯1.

[55] 中共中央　国务院．中共中央　国务院印发《关于加强和改进新形势下高校思想政治工作的意见》［EB/OL］．（2017-02-27）［2022-08-01］．http：//www. gov. cn/2017-02/27/content _ 5182502. htm.

[56] 中华人民共和国教育部．教育部办公厅关于加强学生心理健康管理工作的通知［EB/OL］．（2021-07-07）［2022-08-01］．http：//www. gov. cn/zhengce/zhengceku/2021/07/24/content5627089. htm.

[57] 中共教育部党组．中共教育部党组关于印发《高等学校学生心理健康教育指导纲要》的通知［EB/OL］．（2018-07-06）［2022-08-01］．http：//www. moe. gov. cn/srcsite/A12/moe _ 1407/s3020/201807/t20180713 _ 342992. html.

[58] 中华人民共和国教育部．教育部关于印发《大中小学劳动教育指导纲要（试行）》的通知［EB/OL］．（2020-07-09）［2022-08-01］．http：//www. moe. gov. cn/srcsite/A26/jcj _ kcjcgh/202007/t20200715 _ 472808. html.

[59] 中共中央　国务院．中共中央　国务院关于全面加强新时代大中小学劳动教育的意见［EB/OL］．（2020-03-26）［2022-08-01］．http：//www. gov. cn/zhengce/2020-03/26/content _ 5495977. htm.

[60] 国家教育委员会．全国学生体育竞赛管理规定［EB/OL］．（1997-11-28）［2022-08-01］．http：//www. moe. gov. cn/srcsite/A02/s5911/moe _ 621/199711/t19971128 _ 81875. html.

[61] 中共中央　国务院．中共中央　国务院关于加强青少年体育增强青少年体质的意见［EB/OL］．（2007-05-07）［2022-08-01］．http：//www. gov. cn/gongbao/content/2007/content _ 663655. htm.

[62] 体育总局　教育部．体育总局　教育部关于印发深化体教融合促进青少年健康发展意见的通知［EB/OL］．（2020-08-31）［2022-08-01］．http：//www. moe. gov. cn/jyb _ xxgk/moe _ 1777/moe _ 1 779/202009/t20200922 _ 489794. html.

[63] 中共中央　国务院．中共中央办公厅　国务院办公厅印发《关于全面加强和改进新时代学校体育工作的意见》和《关于全面加强和改进新时代学校美育工作的意见》［EB/OL］．（2020-10-15）［2022-08-01］．http：//www. gov. cn/zhengce/2020-10/15/content _ 5551609. htm.

[64] 张纪仁．大学生暑期"三下乡"社会实践活动的教育意义、存在的问题及对策［J］．才智，2015（10）：179.

[65] 吴小英. 大学生暑期社会实践存在的问题和对策研究 [J]. 南方论刊，2011 (2)：82-83，81.

[66] 沈虹言. 以志愿服务培育大学生公益精神 [J]. 安徽工业大学学报（社会科学版），2016，33 (1)：111-112.

[67] 黄婷婷. 以志愿服务为载体的大学生公益精神培育研究 [D]. 南宁：广西大学，2014.

[68] 薛韩丽. 以志愿服务为载体的大学生社会责任感培育研究 [D]. 西安：西安建筑科技大学，2018.

[69] 李磊，张盼. 大学新生"四阶段渐进式"教育模式的探索与实践 [J]. 学校党建与思想教育，2014 (19)：60-62.

[70] 董文伟. 新时代高校新生入学教育的路径探析 [J]. 教育现代化，2020，7 (47)：179-181，185.

[71] 吴小军，郭锋萍. 高校思想政治教育与学生干部自我管理能力的提升 [J]. 江苏高教，2019 (9)：116-120.

[72] 刘颖，沈伯雄，王敏达，等. 具身认知理论视域下高校学生骨干培训模式创新研究 [J]. 高教学刊，2020 (2)：40-42.

[73] 佟宇. 高校学生党建工作与"青马工程"内在联动机制研究 [J]. 东北师大学报（哲学社会科学版），2019 (3)：125-130.

[74] 翁德会，吴春姗. 制药类应用型人才培养实践教学两类课堂交叉融合模式的研究与实践 [J]. 科技视界，2022 (15)：120-124.

[75] 于婧. 思想政治教育视野下大学新生入学教育研究 [D]. 大理：大理大学，2018.

[76] 韩宇. 基于学生需求的大学新生教育内容研究 [D]. 北京：北京工业大学，2016.

[77] 孔令宇. 新时代高校共青团思想引领对策研究 [D]. 广州：华南理工大学，2020.

[78] 习近平. 把思想政治工作贯穿教育教学全过程开创我国高等教育事业发展新局面 [N]. 人民日报，2016-12-09 (001).

[79] 贺媚. 新时期高校学生干部选拔、培养与发展研究 [D]. 南昌：南昌大学，2013.

[80] 陈琴. 高校"青马工程"的价值及其实现路径研究 [D]. 桂林：广西师范大学，2015.

[81] 杨海燕. 新时代大学生领导力构成及提升研究 [D]. 北京：中共中央党校，2020.

[82] 胡楠，郭冬娥，李群如，等. 大学生职业规划与就业指导教程 [M]. 北京：人民邮电出版社，2017.

[83] 朱德全. 大学生职业规划与就业指导 [M]. 成都：四川教育出版社，2009.

[84] 罗德明. SWOT 分析法在大学生职业生涯规划中的应用 [J]. 教育探索，2008 (12)：132-134.

[85] 邵君. 不可不知的职场礼仪 [J]. 劳动保障世界，2009 (1)：30.

[86] 静怡. 瞬间拉近关系的 8 种职场礼仪 [J]. 劳动保障世界，2015 (34)：32.

[87] 隋虹. 跨文化交际与文化习俗 [M]. 武汉：武汉大学出版社，2016.

[88] 赵公民. 创业基础——理论与实务 [M]. 北京：人民邮电出版社，2017.

[89] 陈艳，雷育胜，曹然然. 大学生创业素质调查与思考 [J]. 高教探索，2006 (4)：80-83.

[90] 胡艳，苟延杰，吕雪. 大学生创新创业基础 [M]. 成都：西南财经大学出版社，2019.

[91] 龙明慧，胡柳波. 创业基础 [M]. 北京：人民邮电出版社，2018.

[92] 黄远征，陈劲，张有明. 创新与创业基础教程 [M]. 北京：清华大学出版社，2017.

[93] 王红军. 我国大学生创业团队建设问题研究 [J]. 浙江工商职业技术学院学报，2008，7 (1)：51-52，55.

[94] 王晓晔. 大学生创业团队建设探究 [J]. 教育与职业，2013 (15)：106-108.

[95] 宋来新，商云龙. 化工行业大学生创新创业基础教程 [M]. 北京：化学工业出版社，2018.

[96] 李成钢. 创新创业基础 [M]. 北京：中国纺织出版社，2019.

［97］唐丽. 大学生创新创业基础 ［M］. 北京：化学工业出版社，2018.

［98］吕爽. 创业基础 ［M］. 2 版. 北京：中国铁道出版社，2016.

［99］吴泳成，李忠芳. "第二课堂成绩单"制度促进创新创业教育第二课堂有效开展的思考 ［J］. 科技创业月刊，2018，31（2）：78-80.

［100］陈坤杰. 张伟林. 大学生科研训练教程 ［M］. 合肥：合肥工业大学出版社，2009.

［101］中科幻彩. 科研论文配图设计与制作从入门到精通 ［M］. 北京：人民邮电出版社，2017.

［102］韩伟. 高校文艺活动育人路径探微 ［J］. 盐城师范学院学报（人文社会科学版），2020，40（1）：118-124.

［103］洪涛. "互联网＋"时代下文艺晚会策划研究 ［J］. 传媒论坛，2021，4（8）：63-64.

［104］黄玉凤. 高校大型文艺活动铸魂育人的路径探析 ［J］. 文化学刊，2021（9）：203-205.

［105］袁文娟. 高校文艺活动德育功能实现的路径选择 ［J］. 科学中国人，2016（35）：93-94.

［106］谢笑珍. "产教融合"机理及其机制设计路径研究 ［J］. 高等工程教育研究，2019（5）：81-87.